# 放聲歌唱

詩頌百年偉業

# 放声歌唱

## 诗颂百年伟业

中央文史研究馆　编

图书在版编目（CIP）数据

放声歌唱：诗颂百年伟业 / 中央文史研究馆编. -- 北京：中国书籍出版社，2021.7

ISBN 978-7-5068-8510-2

Ⅰ. ①放… Ⅱ. ①中… Ⅲ. ①诗集－中国－当代 Ⅳ. ①I227

中国版本图书馆CIP数据核字（2021）第102707号

放声歌唱：诗颂百年伟业

中央文史研究馆　编

策划编辑　师　之
责任编辑　朱　琳
责任印制　孙马飞　马　芝
封面设计　东方美迪
出版发行　中国书籍出版社
地　　址　北京市丰台区三路居路 97 号（邮编：100073）
电　　话　（010）52257143（总编室）　（010）52257140（发行部）
电子邮箱　eo@chinabp.com.cn
经　　销　全国新华书店
印　　刷　北京雅昌艺术印刷有限公司
开　　本　787毫米×1092毫米　1/16
字　　数　270千字
印　　张　24
版　　次　2021 年 7 月第 1 版
印　　次　2021 年 7 月第 1 次印刷
书　　号　978-7-5068-8510-2
定　　价　86.00 元

# 编委会

# 序 言

今年是中国共产党成立一百周年。中国共产党的成立是中国历史上开天辟地的大事件。一百年来，中国共产党以“为中国人民谋幸福、为中华民族谋复兴”为初心、使命，团结带领中国人民实现了从站起来、富起来到强起来的历史性飞跃，取得了无比辉煌的成就。7 月 1 日，习近平总书记在庆祝中国共产党成立 100 周年大会上发表了重要讲话，他在讲话中代表党和人民庄严宣告，经过全党全国各族人民持续奋斗，我们实现了第一个百年奋斗目标，在中华大地上全面建成了小康社会，历史性地解决了贫困问题，正在意气风发向着全面建成社会主义现代化强国的第二个百年奋斗目标迈进。可以说，中国共产党的一百年，是矢志践行初心使命的一百年，是筚路蓝缕奠基立业的一百年，是创造辉煌开辟中华民族未来的一百年。

中华民族是世界上伟大的民族，有着 5000 多年源远流长的文明历史，为人类文明进步做出了不可磨灭的贡献。在灿烂辉煌的中华文明史上，中华优秀传统诗词文化是公认的民族瑰宝。中华诗词文化具有独立的知识体系、审美范式、完整的发展演变过程和巨量的优秀诗词作品，参与支撑了中华文明的大格局。在中国共产党波澜壮阔的百年征程中，中华诗词文化作为革命文化和社会主义先进文化的重要组成部分，以独有的方式记录了中国共产党带领中国人民历久弥坚的百年初心和走过的光辉历程。老一辈革命家毛泽东、周恩来、朱德、董必武、陈毅、叶剑英，和无数仁人志士、人民大众，创作了数量惊人的优秀的诗歌作品。这些作品灿若明珠，集中抒写了党带领人民进行伟大革命、伟大斗争所经历的苦难、所表现的壮志豪情、所创造的辉煌成就以及所取得的成功经验，热情讴歌了中国共产党人的责任和使命担当，讴歌了伟大的时代和中华民族无比光明的前景。

党的十八大后，习近平总书记不仅自己经常在重要讲话中引用诗词作品，而且在重要场合强调指出：学诗可以情飞扬，志高昂，人灵秀；中国古典诗词是中国传统文化的基因，应该很好地传承和发展下去。近年来，中央文史研究馆在国务院参事室党组领导下，一直把贯彻落实习近平总书记关于传承和发展中华优秀传统文化的重要指示精神、促进中华优秀传统文化创造性转化和创新性发展，作为最重要的工作内容，充分发挥大批文化名家集聚的优势，联合社会各界做了不少工作。为庆祝中国共产党成立一百周年，以诗歌的形式反映百年党史，推进国务院参事室、中央文史研究馆党史学习教育深入开展，国务院参事室党组安排中央文史研究馆以《放声歌唱：诗颂百年伟业》为题，编辑出版一部诗歌作品集。

习近平总书记在庆祝中国共产党成立100周年大会上的讲话中指出，一百年来，中国共产党带领中国人民，以“为有牺牲多壮志，敢教日月换新天”的大无畏气概，书写了中华民族几千年历史上最恢宏的史诗。从数量巨大的诗歌作品中选出少部分有代表性的作品来反映中国共产党带领中国人民实现中华民族伟大复兴的百年党史，呈现恢弘史诗画卷以激人奋进，是我们编辑出版这本书的全部初衷。该书的编选以政治性、史料性和文学性作为指导原则。所谓政治性，是指编选老一辈革命家、优秀共产党人、爱国仁人志士、进步诗人学者在百年历史发展的重要阶段、关键节点书写的反映民族抗争、鼓舞民族士气、展现民族风貌、振奋民族精神、激励民族以史为鉴开创更加美好未来的优秀诗歌作品。所谓史料性，是指编选诗歌比较全面地反映中国共产党领导中国革命、建设和发展的重要历史阶段和重大历史事件，如新民主主义革命时期、社会主义革命和建设时期、改革开放时期、进入新时代等重要历史阶段，中国共产党诞生、长征、抗日战争、中华人民共和国成立、我国第一颗原子弹爆炸成功、航天科技取得重大成就、香港和澳门回归祖国、抗击新冠肺炎疫情、脱贫攻坚取得全面胜利等重大历史事件，生动呈现中国共产党领导中国人民开创历史辉煌的全景和伟大的建党精神。所谓文学性，是指所编选诗歌作品要具有较高的艺术价值，能用生动的语言、鲜活的意象、充沛的情感展现真善美，反映时代精神。

该书的编辑出版，得到中国书籍出版社的大力支持，在此表示感谢。因题材限定、篇幅限制等多种原因，不少重要的优秀诗歌作品未能选入，我们深感遗憾。因能力、时间以及资料所限，此书的编选还存在不足之处，期望读者朋友不吝指正。

国务院参事室党组书记、主任 高雨

2021 年 7 月 8 日

# 凡　例

一、本书为庆祝中国共产党成立一百周年而编，所选诗篇原则上创作于 1921 年至 2021 年。二十世纪初，马克思主义已在中国传播，故选编部分作于 1921 年以前的诗篇，以呈现中国共产党成立前夕中国人对共产主义真理孜孜求索的精神。

二、本书选编诗歌，以反映中国共产党史的重大事件为主要内容，包括反映中国共产党带领中国人民进行革命实践以及社会建设所取得的巨大成就，要求情感充沛、思想深刻。

三、本书选编作者，包括老一辈革命家、优秀共产党人、进步诗人学者等。

四、本书选编诗歌体裁，包括古近体诗、词、新诗和歌词歌谣。选录的诗词作品，一般要求符合格律要求，若内容特出，偶有出律，亦在所不避。歌词歌谣以诗歌视之，故不录曲谱与作曲署名。

五、本书选编诗歌，原则上选自公开发表或出版的刊物和书籍，仅在网络或移动网络上发布的，不列入遴选范围。

六、本书选编诗歌，总体按照反映的党史事件及作品所依托的背景事件发生的时间为序排列，分为四个篇章：东方欲晓（1921—

1949）、换了人间（1949—1978）、风雷磅礴（1978—2012）、还看今朝（2012 至今）。每个阶段也以此为序，反映同一事件或同一背景的诗歌按照先诗词、再新诗，再歌词歌谣的顺序编排。

七、本书选编诗歌与党史重大事件密切相关的，则做出说明。说明内容多采自 2021 年 2 月人民出版社、中共党史出版社《中国共产党简史》，2021 年 2 月中央文献出版社《毛泽东邓小平江泽民胡锦涛关于中国共产党历史论述摘编》，2021 年 2 月中央文献出版社《论中国共产党历史》等，标注于诗后。

八、本书选编诗歌的作者简介，内容包括姓名、生卒年、籍贯、主要事迹以及代表作品。选录两首以上作品的作者，仅在首篇作品下予以简介。

九、本书选编诗歌多录全文，部分长篇诗歌为节录，题后标注。诗序、作者自注大多保留，少数因篇幅过长等原因删除。

十、本书选用插图均为书刊公开发表过的图片。因多次转载而来源待考，且摄影记者难以查考的图片，标注为资料图片。毛泽东诗词手迹选自中共中央文献研究室、中央档案馆编，线装书局 2001 年 8 月出版的《毛泽东诗词手迹》。有明确摄影记者与来源的图片，在图片说明中一并给予标注。

十一、经与著作权人、中国文字著作权协会、中国音乐著作权协会等充分沟通，本书绝大多数作品已获编选授权。个别著作权人暂未联系到，本书出版后请与我们联系，解决相关事宜。

十二、本书选编受时间、材料所限，仍有诸多不足，敬请方家指教。

# 目　录

## 第二篇　换了人间

## 第三篇　风雷磅礴

## 第四篇　还看今朝

# 清明节车过嘉兴访烟雨楼

董必武

革命声传画舫中，
诞生共党导工农。
重来正值清明节，
烟雨迷濛访旧踪。

1964 年

（选自《董必武诗选》，人民文学出版社 1977 年版。）

# 第一篇　东方欲晓

# 布尔什维主义的胜利

李大钊

人道的警钟响了！
自由的曙光现了！
试看将来的环球，
必是赤旗的世界！

1918 年

（选自李大钊在 1918 年 12 月发表的《Bolshevism 的胜利》一文。）

李大钊（1889—1927），字守常，河北乐亭县人。中国共产主义运动的先驱、伟大的马克思主义者、杰出的无产阶级革命家、中国共产党的主要创始人之一。1920年，李大钊在北京组织成立共产主义小组。1927年4月被军阀张作霖逮捕杀害。他新旧诗歌兼作，作品多发表在1913年至1918年《言治月刊》《少年中国》上。鲁迅称其诗文是“革命史上的丰碑”。

1917年，俄国十月革命一声炮响，给中国送来了马克思主义。中国先进分子从马克思列宁主义的科学真理中看到了解决中国问题的出路。

李大钊是在中国举起十月革命旗帜的第一人，是中国最早的马克思主义传播者。

# 少年行

## 北上洞庭湖有感

蔡和森

大陆龙蛇起，
乾坤一少年。
乡国骚扰尽，
风雨送征船。
世乱吾自治，
为学志转坚。
从师万里外，
访友人文渊。
匡复有吾在，
与人撑巨艰。
忠诚印寸心，
浩然充两间。
虽无鲁阳戈，
庶几挽狂澜。

凭舟衡国变，
意志鼓黎元。
潭州蔚人望，
洞庭证源泉。

1918 年

（选自《革命烈士诗抄》，中国青年出版社 1959 年版。）

---

蔡和森（1895—1931），字润寰，号泽膺，原籍湖南湘乡，出生于上海。1921 年加入中国共产党。曾主编团中央机关报《先驱》、中共中央机关报《向导》，参与并领导五卅运动。1931 年，担任中国共产党两广省委书记。同年因叛徒出卖在香港被捕就义。著有《蔡和森文集》等。

# 雨中岚山

## ——日本京都

周恩来

雨中二次游岚山，
两岸苍松，
夹着几株樱。
到尽处，
突见一山高，
流出泉水绿如许。
绕石照人，
潇潇雨 雾蒙浓；
一线阳光穿云出，
愈见娇妍。
人间的万象真理，
愈求愈模糊；
——模糊中偶然见着一点光明，

真愈觉娇妍。

1919 年

（选自《五四前后周恩来同志诗文选》，
天津人民出版社 1979 年版。）

---

周恩来（1898—1976），原籍浙江绍兴，生于江苏淮安。中国无产阶级革命家、政治家、军事家，中国共产党和中华人民共和国主要领导人之一，中国人民解放军创建人之一。1921 年加入中国共产党。有《周恩来青年时代诗选》《周恩来诗歌全集》等诗歌集存世。

五四运动前后，中国先进分子从巴黎和会所给予的实际教训中，认识到帝国主义列强联合压迫中国人民的实质，这是社会主义思想在中国进一步传播的直接原因。

# 过洞庭（二首）

邓中夏

## 其一

莽莽洞庭湖，
五日两飞渡。
雪浪拍长空，
阴森疑鬼怒。
问今为何世？
豺虎满道路。
禽狝歼除之，
我行适我素。

## 其二

莽莽洞庭湖，
五日两飞渡。

秋水含落晖，
彩霞如赤灶。
问将为何世？
共产均贫富。
惨淡经营之，
我行适我素。

1921 年

（选自《革命烈士诗抄》，中国青年出版社 1959 年版。）

---

邓中夏（1894—1933），湖南宜章人。1920 年在北京参加共产主义小组。中国共产党北方组织的创始人之一，工人运动的著名领袖。1933 年 5 月在上海被捕，10 月被杀害于南京雨花台。遗著有《中国职工运动简史》《邓中夏文集》。

为了实现初心和使命，实现始终坚持的理想和主张，中国共产党进行了前赴后继的不懈奋斗，作出了巨大的自我牺牲。中国共产党自 1921 年创建至 1949 年中华人民共和国成立这 28 年的时间里，为中国人民的解放事业献出了无数的优秀战士。党的许多卓越领导人，如李大钊、瞿秋白、蔡和森、向警予、邓中夏、苏兆征、彭湃、陈延年、恽代英、赵世炎、张太雷等，许多杰出的将领，如方志敏、刘志丹、黄公略、许继慎、韦拔群、赵博生、董振堂、段德昌、杨靖宇、左权、叶挺等，也都在这场前赴后继的伟大斗争中英勇地献出了自己的生命。中国新民主主义革命的胜利，是千千万万先烈和全党同志、全国各族人民长期牺牲奋斗的结果。

董必武（1885—1975），字用威，湖北黄安人。1921 年，董必武同志出席中国共产党第一次全国代表大会，成为党的创始人之一。抗战时期，曾任中国共产党与国民党谈判的代表，国民参政会参政员，长期驻留重庆。1945 年曾作为中国解放区的代表赴旧金山参加联合国会议。著有《董必武诗选》。

上海党的一大会址，嘉兴南湖红船，是中国共产党的“产床”，是党梦想起航的地方。中国共产党的建立，充分展现了开天辟地、敢为人先的首创精神，坚定理想、百折不挠的奋斗精神，立党为公、忠诚为民的奉献精神。这是中国革命精神之源、精神之基、精神之本。红船精神就是其重要体现。正是对这一精神的坚守与践行、光大与发扬，让中国共产党创造了人间奇迹，“敢教日月换新天”，成为世界上最大的政党，深刻改变了中国，也深刻影响和塑造着世界。

嘉兴南湖红船（资料图片）

# 《女神》序诗

郭沫若

我是个无产阶级者：
因为我除个赤条条的我外，
什么私有财产也没有。
《女神》是我自己产生出来的，
或许可以说是我的私有，
但是，我愿意成个共产主义者，
所以我把她公开了。

《女神》哟！
你去，去寻那与我的振动数相同的人；
你去，去寻那与我的燃烧点相等的人。
你去，去在我可爱的青年的兄弟姊妹胸中，
把他们的心弦拨动，

# 把他们的智光点燃吧！

1921 年

（选自《女神》，泰东书局 1921 年版。）

---

郭沫若（1892—1978），原名郭开贞，四川乐山人。1927 年，他加入中国共产党，参加中国共产党领导的南昌起义，走上革命道路。中华人民共和国成立后任政务院（国务院）副总理、中国文联主席、中国科学院院长等职。在文学创作上，他诗词、新诗、戏剧兼善，出版有《女神》《星空》《新华颂》《东风集》等诗集和《蔡文姬》《屈原》等戏剧。

五四运动时中国无产阶级开始有了觉悟，五四运动发生在一九一九年，一九二一年便产生了中国共产党。

许多原来有着不同经历的先进知识分子，经过深思熟虑和反复思考，通过不同的途径，走上马克思主义的道路。

五四运动是近代中国革命史上具有划时代意义的事件，标志着新民主主义革命的伟大开端。五四运动以彻底反帝反封建的革命性、追求救国强国真理的进步性、各族各界群众积极参与的广泛性，推动了中国社会进步，促进了马克思主义在中国的广泛传播，促进了马克思主义同中国工人运动的结合，为中国共产党成立做了思想上干部上的准备。五四运动孕育了以爱国、进步、民主、科学为主要内容的伟大五四精神，其核心是爱国主义精神，在近代以来中华民族追求民族独立和发展进步的历史进程中具有里程碑意义。

# 劳动节歌

彭　湃

今日何日？
　“五一”劳动节，
　　世界劳工同盟罢工纪念日。
劳动最神圣，
　社会革命时机熟。
希望兄弟与姊妹，
　“劳动”两字永牢记。

1921 年

（选自《革命烈士诗抄》，中国青年出版社 1959 年版。）

彭湃（1896—1929），原名彭汉育，曾化名王子安、孟安等，广东海丰人。中国无产阶级革命家，中国农民运动杰出领袖。1921 年，加入中国社会主义青年团，1924 年初转为中国共产党党员。1929年8月因叛徒出卖而被捕牺牲。他的诗歌作品收录在《彭湃文集》。

先进知识分子与工人群众相结合的过程，就是马克思主义同中国工人运动相结合的过程。

随着马克思主义在中国的广泛传播和一批确立了马克思主义信仰的先进分子的出现，在中国成立共产党组织的思想和干部条件已经具备，建立工人阶级政党的任务被提上了日程。

党成立后致力于组织领导工人运动，1921 年 8 月成立公开做职工运动的总机关——中国劳动组合书记部。书记部出版《劳动周刊》，举办工人学校，组织产业工会，开展罢工斗争。党在工人中和整个社会上的政治影响日益扩大。

# 送韩伯画往俄国

朱自清

天光还早，
火一般红云露出了树梢，
不住地燃烧，不住地流动；
黑漆漆的大路，
照得闪闪烁烁的，有些分明了。
立着一个绘画的学徒，
通身凝滞了的血都沸了；
他手舞足蹈地唱起来了：
“红云呵
鲜明美丽的云呵！
你给了我一个新生命！
你是宇宙神经的一节；
你是火的绘画——
谁画的呢？

　　我愿意放下我所曾有的，
　　跟着你走；
　　提着真心跟着你！”
他果然赤裸裸的从大路上向红云跑去了！
　　　祝福你绘画的学徒！
　　你将在红云里，
　　偷着宇宙的密意，
　　放在你的画里；
　　可知我们都等着哩！

1921 年

（选自《踪迹》，亚东图书馆 1924 年版。）

朱自清（1898—1948），字佩弦。原籍浙江绍兴，出生于江苏东海（今连云港市东海县平明镇），后随父定居扬州。1916年考入北京大学预科，1919年开始发表诗歌。创作上诗词、新诗与散文兼善，著有《雪朝》《毁灭》《踪迹》等诗文集。

十月革命发出的反对帝国主义的号召，使饱受帝国主义列强欺凌的中国人民感到“格外沉痛，格外严重，格外有意义”。这就推动先进的中国人倾向于社会主义，推动他们认真了解指导十月革命的马克思主义学说。在这种情况下，中国出现了一批赞成俄国十月革命道路、具有初步共产主义思想的知识分子。

1920年三四月间，《东方杂志》等刊登苏俄政府第一次对华宣言，宣布废弃沙俄在中国境内享有的一切特权，对社会主义思想在中国的传播给予新的有力推动。研究和宣传社会主义，逐渐成为进步思想界的主流。

# 生别死离

周恩来

一月前在法兰西接到武陵来信，他抄示我们离北京时在京汉车中所作的《别的疑问》诗，当时读完后怀旧之感颇深。本月初来德，得逸豪信，因念强死事论到生别死离；继读石久给奈因信，谈点似是而非的资本万能。最后又看到施山给念吾的信，知道黄君正品因长沙纱厂工人罢工事，遭了赵恒惕同资本家的诱杀。一时百感交集，更念及当时的同志，遂作此篇，用表吾意所向，兼示诸友。

壮烈的死，
苟且的生。
贪生怕死，
何如重死轻生！

生别死离，
　最是难堪事。
别了，牵肠挂肚；

死了，毫无轻重，
　　何如作个感人的永别！
没有耕耘，
　　哪来收获？
没播革命的种子，
　　却盼共产花开！
梦想那赤色的旗儿飞扬，
　　却不用血来染他，
　　天下哪有这类便宜事？

坐着谈，
　　何如起来行！
贪生的人，
　　也悲伤别离，
　　也随着死生，
　　只是他们却识不透这感人的永别，
　　　　永别的感人。

不用希望人家了！
生死的路，
　　已放在各人前边，
飞向光明，

尽由着你！
举起那黑铁的锄儿，
开辟那未耕耘的土地；
种子撒在人间，
血儿滴在地上。

本是别离的，
以后更会永别！
生死参透了，
努力为生，
还要努力为死，
便永别了又算什么？

1922 年

（选自《新民意报》副刊《觉邮》1923 年 4 月 15 日第 2 期。）

---

此诗系周恩来为悼念黄爱烈士而作。黄爱（1897—1922），湖南常德人，湖南工人运动领袖。1921 年中共一大之后，在毛泽东的帮助下，黄爱由倾向无政府主义转而信仰马克思主义，加入了中国社会主义青年团。1922 年 1 月 13 日，湖南第一纱厂爆发工人大罢工，黄爱为现场指挥之一。1 月 16 日夜，黄爱被军警逮捕，次日清晨遇害，年仅 25 岁。

# 赤潮曲

瞿秋白

赤潮澎湃，
晓霞飞动，
　惊醒了
五千余年的沉梦。

远东古国，
四万万同胞，
同声歌颂
神圣的劳动

　猛攻，猛攻，
捶碎这帝国主义万恶丛。
　奋勇，奋勇！
解放我殖民世界之劳工。

何论黑、白、黄，
无复奴隶种。

从今后，福音遍被，天下
文明　只待共产大同……

　看！
光华万丈涌。

1923 年

（选自《新青年》季刊 1923 年第 1 期。）

---

瞿秋白（1899—1935），一名霜，江苏常州人。中国无产阶级革命家、思想家、翻译家、文艺理论家。1920 年参加李大钊等发起组织的马克思学说研究会。1922 年加入中国共产党。1935 年 2 月随军转移时被国民党逮捕，6 月在福建就义。曾翻译《国际歌》，创作有《赤潮曲》等诗作，有《饿乡纪程》《赤都心史》等著作存世。

党领导发动和组织的工农运动尤其是工人运动，显示出中国工人阶级坚定的革命性和坚强的战斗力，扩大了中国共产党在全国的政治影响，为党同其他革命力量合作、掀起全国规模的大革命准备了一定条件。

# 哀中国

蒋光慈

我的悲哀的中国！
我的悲哀的中国！
你怀拥着无限美丽的天然，
你的形象如何浩大而磅礴！
你身上排列着许多蜿蜒的江河，
你身上耸峙着许多郁秀的山岳，
但是现在啊，
江河只流着很呜咽的悲音，
山岳的颜色更惨淡而寥落！

满国中外邦的旗帜乱飞扬，
满国中外人的气焰好猖狂！
旅顺大连不是中国人的土地么？
可是久已做了外国人的军港；

法国花园不是中国人的土地么？
可是不准穿中服的人们游逛。
哎哟！中国人是奴隶啊！
为什么这般自甘屈服？
为什么这般萎靡颓唐？
满国中到处起烽烟，
满国中景象好凄惨！
恶魔的军阀只是互相攻打啊，
可怜小百姓的身家性命不值钱！
卑贱的政客只是图谋私利啊，
哪管什么葬送了这锦绣的河山？
朋友们，提起来我的心头寒，——
我的悲哀的中国啊！
你几时才跳出这黑暗之深渊？

东望望罢，那里是被压迫的高丽；
南望望罢，那里是受欺凌的印度；
哎哟！亡国之惨不堪重述啊！
我忧中国将沦于万劫而不复。
我愿跑到那昆仑之高巅，
做唤醒同胞迷梦之号呼；

我愿倾泻那东海之洪波，
洗一洗中华民族的懒骨。
我啊！我羞长此沉默以终古！

易水萧萧啊，壮士吞仇敌；
燕山巍巍啊，吓退匈奴夷；
回思往古不少轰烈事，
中华民族原有反抗力。
却不料而今全国无声息，
大家熙熙然甘愿为奴隶！
哎哟！我是中国人，
我为中国命运放悲歌，
我为中华民族三叹息。

寒风凛冽啊，吹我衣；
黄花低头啊，暗无语；
我今枉为一诗人，
不能保国当愧死！
拜伦曾为希腊羞，
我今更为中国泣。
哎哟！我的悲哀的中国啊！

我不相信你永远沉沦于浩劫，
我不相信你永无重兴之一日。

1924 年

（选自《战鼓》，北新书局 1926 年版。）

---

蒋光慈（1901—1931），又名蒋光赤，安徽六安人。五四时期参加过学生运动，1920 年赴苏联留学，次年加入中国共产党。曾与钱杏邨等发起组织文学团体太阳社，出版《太阳》，积极提倡无产阶级革命文学。著有《新梦》诗集以及《短裤党》《田野的风》等小说。

1920 年，蒋光慈经陈独秀介绍，至上海参加社会主义青年团。1921 年 5 月赴莫斯科共产主义劳动大学学习，同时开始文学创作。次年转为中国共产党党员。1924 年秋归国后至上海大学社会学系任教，并参与组织春雷文学社。

# 沁园春 长沙

毛泽东

独立寒秋，
湘江北去，
橘子洲头。
看万山红遍，
层林尽染；
漫江碧透，
百舸争流。
鹰击长空，
鱼翔浅底，
万类霜天竞自由。
怅寥廓，
问苍茫大地，
谁主沉浮？

携来百侣曾游。
忆往昔峥嵘岁月稠。
恰同学少年，
风华正茂；
书生意气，
挥斥方遒。
指点江山，
激扬文字，
粪土当年万户侯。
曾记否，
到中流击水，
浪遏飞舟？

1925 年

（选自《毛泽东诗词集》，中央文献出版社 1996 年版。）

毛泽东（1893—1976），字润之，笔名子任，湖南湘潭人。中国共产党、中国人民解放军和中华人民共和国的主要缔造者和领导人。历任中央政治局常委、中央书记处书记、中共中央军委主席、中共中央主席和中央政治局主席等职。抗日战争期间，领导八路军、新四军进行抗战。1949 年 9 月，当选为中央人民政府主席、中央人民政府人民革命军事委员会主席。1954 年 9 月，当选为中华人民共和国主席。1976 年 9 月 9 日，在北京病逝。著有《毛泽东选集》《毛主席诗词》等。

毛泽东同志在青年时期就立下拯救民族于危难的远大志向。一九一九年，毛泽东同志在《〈湘江评论〉创刊宣言》中写道："时机到了！世界的大潮卷得更急了！洞庭湖的闸门动了，且开了！浩浩荡荡的新思潮业已奔腾澎湃于湘江两岸了！顺他的生。逆他的死。"年轻的毛泽东同志，"书生意气，挥斥方遒。指点江山，激扬文字"，既有"问苍茫大地，谁主沉浮"的仰天长问，又有"到中流击水，浪遏飞舟"的浩然壮气。

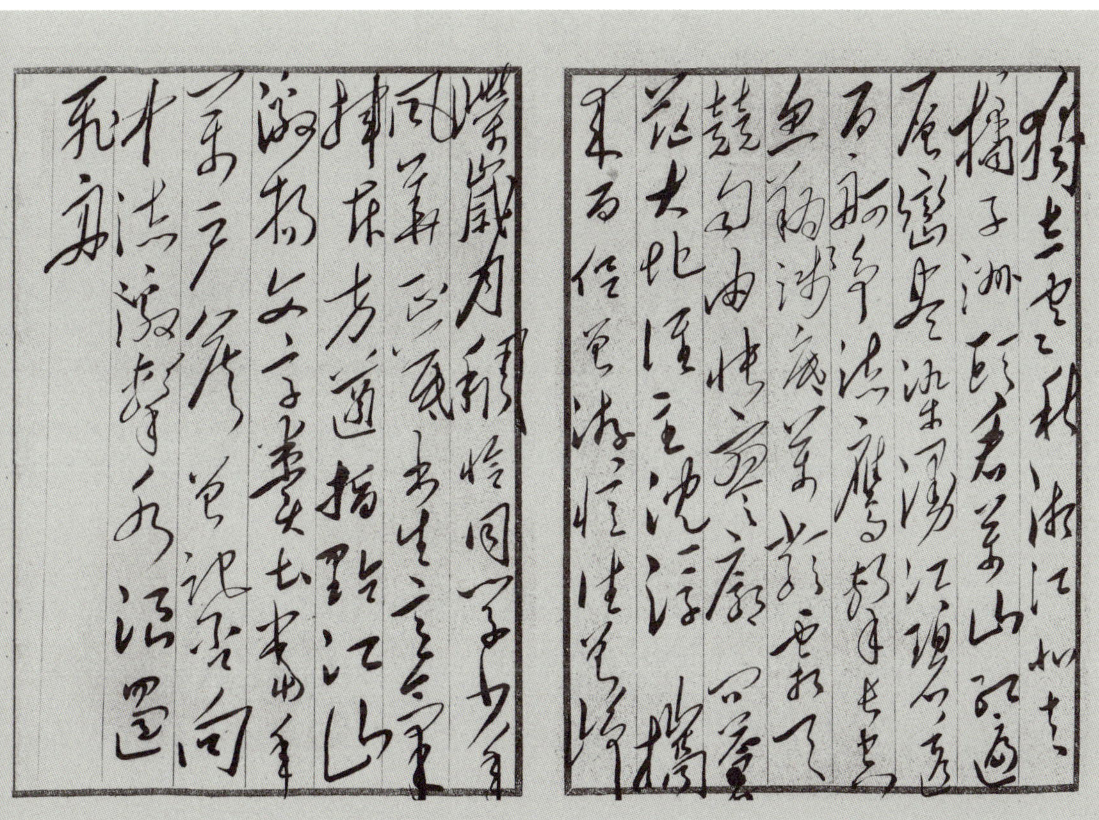

毛泽东《沁园春·长沙》手迹

# 我们的中国

郑振铎

我们的中国，
我们的中国！
　　是你在召唤我们吗？
是的，我们来，
　　我们将放下一切而来！

　　我们的中国，
我们的中国！
　　是谁将你的光荣蔑辱？
我们的刀将为你而拔，
　　我们的生命将为你而舍弃。

　　我们的中国，
我们的中国！

　　那张忧郁悲闷的脸是你的么？
不，不，你将不再颓唐自放！
　　我们将为你除去了一切忧闷之原。

　　我们的中国，
我们的中国！
　　是你这样的瘠弱，贫困么？
我们将为你而工作，工作，工作，
　　直到你恢复你的强健与富饶。

　　我们的中国，
我们的中国！
　　是你在召唤我们么？
是的，我们已准备了，
　　我们将放下了一切而来！

1925 年

（选自《战号》，生活书店 1937 年版。）

---

郑振铎（1898—1958），字西谛，生于浙江永嘉。在从事文学活动与学术研究时，注重民间文学、小说以及戏曲。著有《中国俗文学史》《插图本中国文学史》《取火者的逮捕》《短剑集》等。

# 纪念八一

朱　德

南昌首义诞新军，
喜庆工农始有兵。
革命大旗撑在手，
终归胜利属人民。

1957 年

（选自《朱德诗选集》，人民文学出版社 1977 年第 2 版。）

朱德（1886—1976），字玉阶，原名代珍。四川仪陇人，祖籍广东韶关。曾任八路军总指挥（后改称第十八集团军，任总司令）、第二战区副司令长官、中共中央军委副主席。抗战胜利后，任中国人民解放军总司令、中华人民共和国副主席等职。1955 年授元帅军衔。著有《朱德选集》《朱德诗选集》等。

大革命失败后，全国陷入一片白色恐怖之中。年轻的中国共产党遭受到成立以后从未遇到过的严峻考验。

在严酷的斗争和血的教训中，党深刻认识到，没有革命的武装就无法战胜武装的反革命，就无法担起领导中国革命的重任，就无法夺取中国革命的胜利，就无法改变中国人民和中华民族的命运。不进行武装反抗，就无异于坐以待毙，听任整个中国变成黑暗的中国。

1927 年 8 月 1 日，在以周恩来为书记的中共中央前敌委员会领导下，贺龙、叶挺、朱德、刘伯承等率领党所掌握和影响的军队两万多人，在南昌打响了武装反抗国民党反动派的第一枪。经过 4 个多小时激战，起义军占领南昌城。随后，根据中央的计划，起义军撤离南昌，南下广东。

南昌城头的枪声，像划破夜空的一道闪电。南昌起义标志着中国共产党独立领导革命战争、创建人民军队和武装夺取政权的开端，开启了中国革命新纪元。自那时起，中国共产党领导下的人民军队，就英勇投身为中国人民求解放、求幸福，为中华民族谋独立、谋复兴的历史洪流，同中国人民和中华民族的命运紧紧连在了一起。

八一南昌起义总指挥部（资料照片）

# 就义诗

夏明翰

砍头不要紧，
只要主义真。
杀了夏明翰，
还有后来人。

1928 年

（选自《革命烈士诗抄》，中国青年出版社 1959 年版。）

---

夏明翰（1900—1928），字桂根，湖南衡阳人，出生于湖北秭归。陆续担任中国共产党湖南省委委员兼组织部长、中国共产党湖北省委常委等。1928 年，在汉口被逮捕杀害。

在白色恐怖中，革命者血流成河却没有被吓倒。被捕前任湖北省委常委的夏明翰身陷牢狱坚贞不屈，在给妻子的家书中写下“坚持革命继吾志，誓将真理传人寰”的豪言壮语。他以“砍头不要紧，只要主义真”的铮铮誓言，生动表达了共产党员的理想之光不灭、信念之光不灭。

# 囚　徒

## ——寄时雨并呈狱中诸友

钱杏邨

往日每当天曙的时晨，
我们总是公园中漫步细语；
今朝我却仆仆的在这龙华道上，
带着愤激的心情来探望你这个囚徒。

白烟如今虽说这样的迷漫，
我是没有些微的感伤；
即使你死在这恐怖之下吧，
我想我的心也不会怎样的震撼。

我们的四周本都是妖氛重重，
狱内狱外究有什么异同？
我们要用赤血染得地球红，

缧绁的生涯早在意料之中。

我是毫不觉得悲痛，
只想在你死前多多探望几番；
若是我死在成功之后哟，
当把全民众的欢笑献上你的祭坛。

1928 年

（选自《荒土》，泰东图书局 1929 年版。）

---

钱杏邨（1900—1977），原名钱德富，笔名阿英，安徽芜湖人。1926 年加入中国共产党，1928 年与蒋光慈等人发起组织文学团体太阳社，出版《太阳》月刊，提倡无产阶级革命文学。著有《暴风雨的前夜》《荒土》等诗集以及《李闯王》等话剧。

（1927 年）7 月 15 日，汪精卫召开国民党中央常务委员会扩大会议，以“分共”的名义，正式同共产党决裂，对共产党员和革命群众实行大逮捕、大屠杀。国共合作全面破裂，国共两党合作发动的大革命宣告失败，大批优秀中华儿女倒在了反革命的血雨腥风之中。据不完全统计，从 1927 年 3 月到 1928 年上半年，被杀害的共产党员和革命群众达 31 万多人。

# 清平乐 蒋桂战争

毛泽东

风云突变，
军阀重开战。
洒向人间都是怨，
一枕黄粱再现。

红旗跃过汀江，
直下龙岩上杭。
收拾金瓯一片，
分田分地真忙。

1929 年

（选自《毛泽东诗词集》，中央文献出版社 1996 年版。）

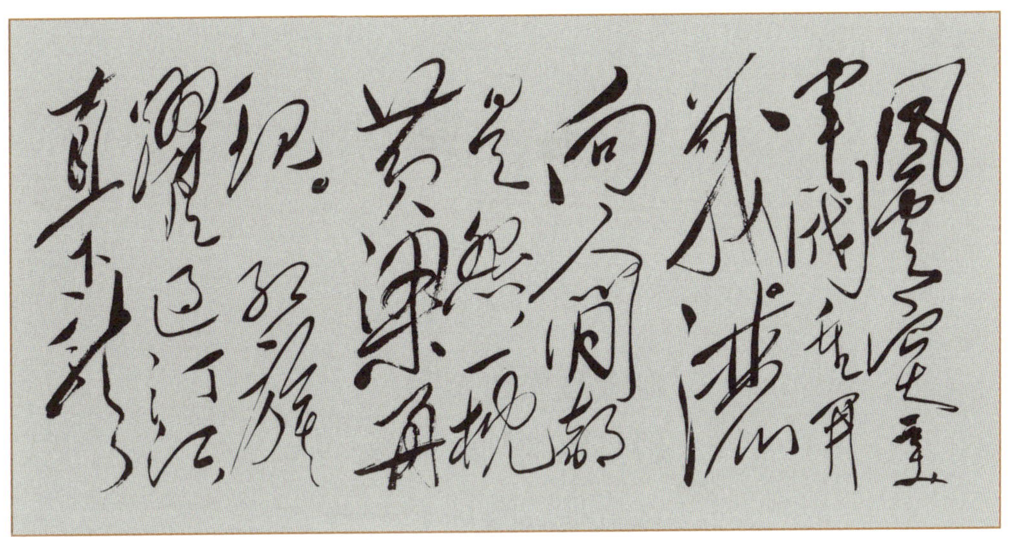

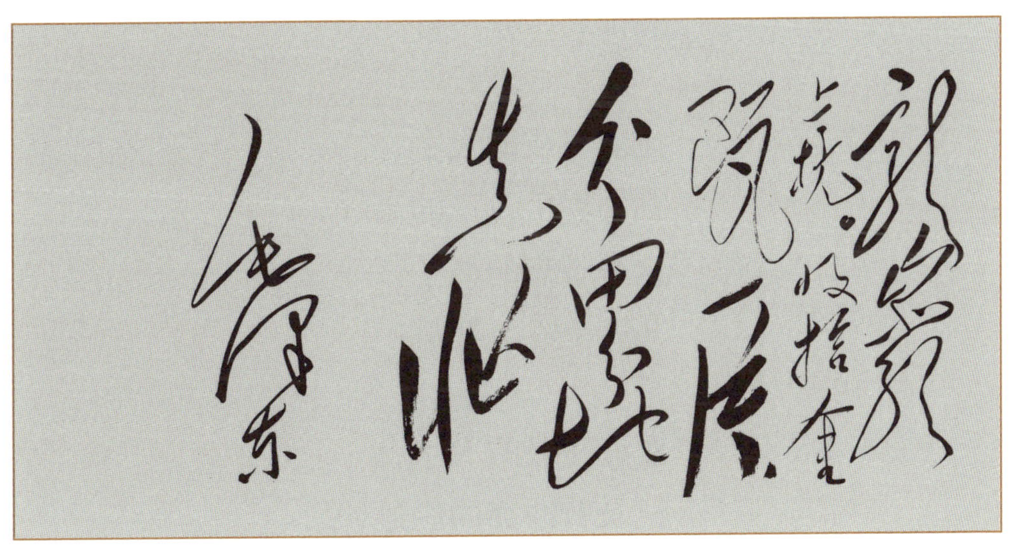

毛泽东《清平乐·蒋桂战争》手迹

# 血　字

殷　夫

血液写成的大字，
斜斜地躺在南京路，
这个难忘的日子——
润饰着一年一度……

血液写成的大字，
刻划着千万声的高呼，
这个难忘的日子——
几万个心灵暴怒……

血液写成的大字，
记录着冲突的经过，
这个难忘的日子——
狞笑着几多叛徒……

“五卅”哟！
立起来，在南京路走！
把你血的光芒射到天的尽头，
把你刚强的姿态投映到黄浦江口，
把你的洪钟般的预言震动宇宙！

今日他们的天堂，
他日他们的地狱，
今日我们的血液写成字，
异日他们的泪水可入浴。

我是一个叛乱的开始，
我也是历史的长子，
我是海燕，
我是时代的尖刺。

“五”要成为报复的枷子，
“卅”要成为囚禁仇敌的铁栅，
“五”要分成镰刀和铁锤，
“卅”要成为断铐和炮弹！……

四年的血液润饰够了，
两个血字不该再放光辉，
千万的心音够坚决了，
这个日子应该即刻消毁！

1929 年

（选自《殷夫诗文选集》，人民文学出版社 1954 年版。）

---

殷夫（1910—1931），原名徐白，又名白莽，浙江象山人。1927 年加入中国共产党。1930 年 3 月，中国左翼作家联盟成立，殷夫为发起人之一。他先后创作了《血字》《别了，哥哥》《五一歌》《让死的死去吧》等诗歌。

（1925 年）5 月 15 日，上海内外棉七厂日本资本家枪杀工人、共产党员顾正红。30 日，在中国共产党领导和发动下，上海工人和学生举行街头宣传和示威游行，租界英国巡捕在南京路上突然开枪，打死学生、工人等 13 人，伤者不计其数。这就是震惊全国的五卅惨案。

五卅惨案激起全中国人民极大愤怒，多年来深埋在中国人民心里的对帝国主义的怒火一下子喷发出来，形成工人罢工、学生罢课、商人罢市的局面。党中央决定成立上海总工会，成立上海工商学联合委员会，加强对运动的领导。全国约有 1700 万人直接参加了运动，从通商都市到偏僻乡镇，到处响起“打倒帝国主义”“废除不平等条约”的怒吼。以五卅惨案为导火线，反对帝国主义的民族运动浪潮，以不可遏止的浩大声势迅速席卷全国，这就是五卅运动。

# 扑灯蛾

蒲　风

熊熊的火焰在燃烧，
　无数的扑灯蛾齐向火焰中扑跳；
——先先后后，
　没有一个要想退走！

哦！ 你渺小的扑灯蛾哟！
　难道你不知道这烈火会把你烧？
难道你不曾看见
　许许多多的同伴已在火中烧焦？

为着坚持自己的目标奋斗到底，
　——不怕死！
为着不忍苟全一己的生命，
　——不怕死！

扑灯蛾！扑灯蛾！
　是否你们因此而继续
　不断地投在火焰里？

熊熊的火焰在燃烧，
　无数的扑灯蛾已在火中烧焦！
先先后后，没有一个要想退走！
　啊啊！ 它们没有一个要想退走！

1929 年

（选自《茫茫夜》，国际编译馆 1934 年版。）

---

蒲风（1911—1942），原名黄日华，曾用名黄飘霞，笔名蒲风，广东梅县人。1932 年，在上海参与发起组织中国诗歌会，主编《中国诗歌》，致力于新诗歌运动。1938 年，加入中国共产党。著有《茫茫夜》《抗战三部曲》《街头诗选》《取火者颂集》等诗集。

# 狱中诗

恽代英

浪迹江湖忆旧游，
故人生死各千秋。
已摈忧患寻常事，
留得豪情作楚囚。

1931 年

（选自《革命烈士诗抄》，中国青年出版社 1959 年版。）

---

恽代英（1895—1931），原籍江苏武进，出生于湖北武昌。1920 年与萧楚女等组织中国社会主义青年团，次年加入中国共产党。大革命失败后，参加“八一”南昌起义和广州起义，任广州苏维埃政府秘书长、中共中央组织部秘书长和宣传部秘书长。1930 年 5 月 6 日被捕，次年在南京就义。遗著有《恽代英文集》等。

# 无　题

鲁　迅

血沃中原肥劲草，
寒凝大地发春华。
英雄多故谋夫病，
泪洒崇陵噪暮鸦。

1932 年

（选自《鲁迅全集》第 7 卷，人民文学出版社 2005 年版。）

鲁迅（1881—1936），原名周树人，字豫才，笔名鲁迅，浙江绍兴人。1902年赴日本留学，后弃医从文，开始创作文学作品、翻译国外文学著作，成为新文化运动的重要参与者。1929年底，与冯雪峰等筹建中国左翼作家联盟，次年3月于左联成立大会上当选常务委员。1936年10月18日因病逝世。著有《呐喊》《彷徨》等小说集，《华盖集》《二心集》《而已集》等杂文集，《野草》《朝花夕拾》等散文诗集，以及古典文学研究、古籍整理、翻译作品多部。

一些共产党员密切联系宋庆龄、鲁迅等爱国进步人士，推动抗日救亡运动，反对蒋介石的独裁统治。鲁迅以大量战斗性极强的杂文，无情地揭穿地主买办集团的媚外独裁的面目、可耻的不抵抗主义、残酷的文化“围剿”。毛泽东指出：“鲁迅的方向，就是中华民族新文化的方向。”

# 就义诗

吉鸿昌

恨不抗日死，
留作今日羞。
国破尚如此，
我何惜此头。

1933 年

（选自《革命烈士诗抄》，中国青年出版社 1959 年版。）

---

吉鸿昌（1895—1934），字世五，河南扶沟人。1932 年加入中国共产党，推动冯玉祥在张家口组成察绥抗日同盟军，出师抗日。1934年11 月 9 日在天津被捕，24 日在北平陆军监狱惨遭国民党杀害。

在民族危机的严重关头，国民党阵营出现分化。东北军将领马占山、李杜等在东北抗日……但在求和的基本方针下，南京政府先后同日本侵略者签订了有损国家主权的《淞沪停战协定》《塘沽协定》。冯玉祥在张家口组织察哈尔民众抗日同盟军，也遭到国民党政府破坏和强行解散。

# 团村战斗

彭德怀

猛虎扑群羊，
硝烟弥漫；
人海翻腾，
杀气冲霄汉。
地动山摇天亦惊，
疟疾立消遁。
狼奔豕突，
尘埃冲天；
大哥未到，
让尔逃生！

1933 年

（选自《将帅诗词 300 首》，解放军出版社 2000 年版。）

彭德怀（1898—1974），原名得华，号石穿，出生于湖南湘潭。无产阶级革命家、军事家、政治家，中国人民解放军创建者和领导人之一。1928年加入中国共产党，历任八路军副总指挥、中国人民解放军副总司令等职。中华人民共和国成立后，曾任国务院副总理兼国防部长、国防委员会副主席等职。出版有《彭德怀自述》《彭德怀军事文选》等。

1933年下半年，蒋介石发动对革命根据地的第五次"围剿"，调集100万军队向各地红军进攻，其中50万军队于9月下旬开始向中央革命根据地发动进攻。

# 身许马列安等闲

陈寿昌

身许马列安等闲，
报效工农岂知艰。
壮志未酬身若死，
亦留忠胆照人间。

1933 年

（选自《革命烈士诗词精选》，中国广播电视出版社 1990 年版。）

---

陈寿昌（1906—1935），浙江镇海人。1924 年加入中国共产党。1928 年秋，调中共中央特科做情报和党的地下组织联络工作。1931 年 12 月，离开上海到中央革命根据地工作。先后任中共福建省委书记、江西瑞金中央职工会执行局主席、中共湘鄂赣省委书记兼军区政委、红十六师政委等职。1935 年在湖北崇阳老虎洞战斗中牺牲。

# 忆秦娥 娄山关

毛泽东

西风烈，
长空雁叫霜晨月。
霜晨月，
马蹄声碎，
喇叭声咽。

雄关漫道真如铁，
而今迈步从头越。
从头越，
苍山如海，
残阳如血。

1935 年 2 月

（选自《毛泽东诗词集》，中央文献出版社 1996 年版。）

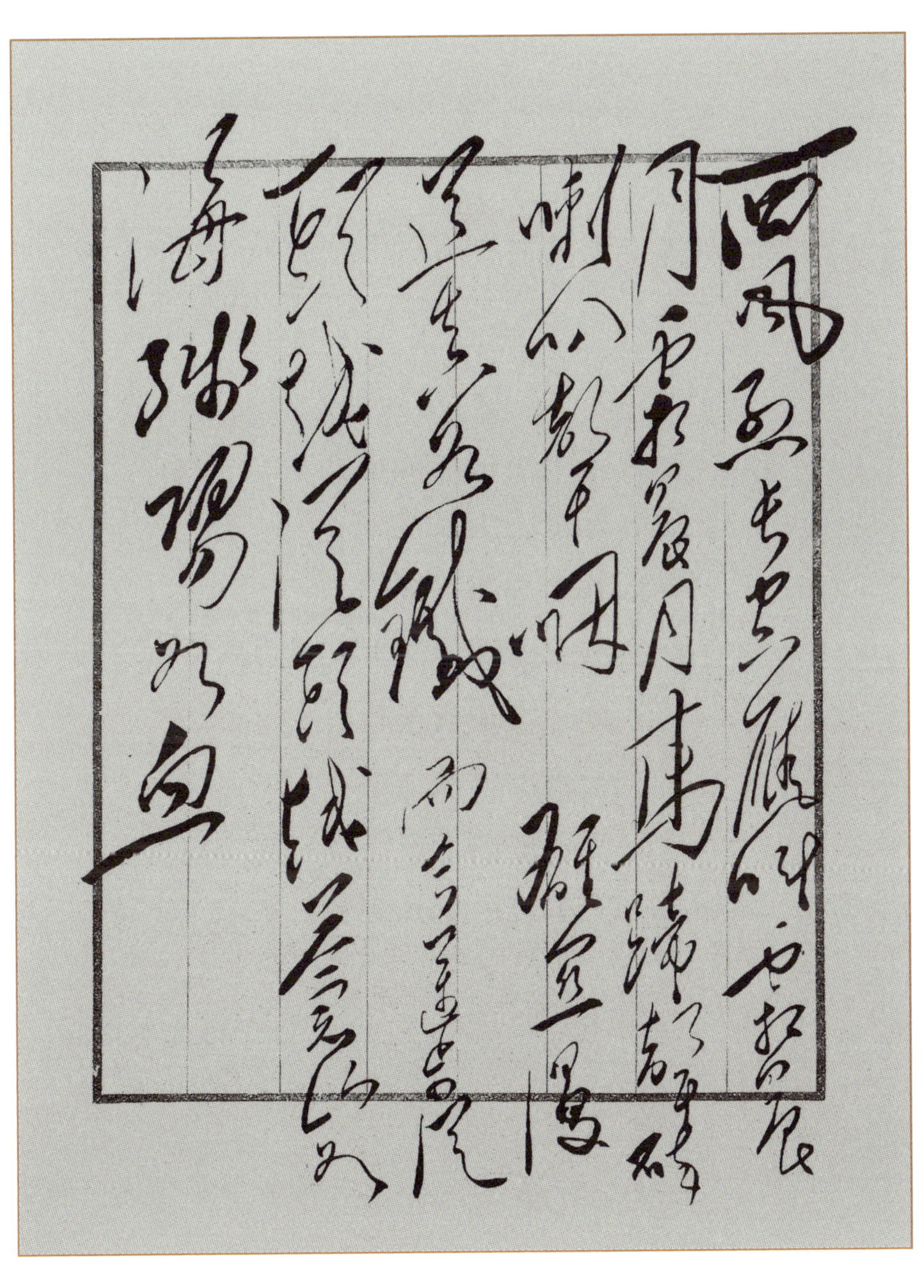

西风烈长空雁叫霜晨
月霜晨月马蹄声碎
喇叭声咽雄关漫
道真如铁而今迈步从头越
从头越苍山如海
残阳如血

毛泽东《忆秦娥·娄山关》手迹

# 七律 长征

毛泽东

红军不怕远征难，
万水千山只等闲。
五岭逶迤腾细浪，
乌蒙磅礴走泥丸。
金沙水拍云崖暖，
大渡桥横铁索寒。
更喜岷山千里雪，
三军过后尽开颜。

1935 年 10 月

（选自《毛泽东诗词集》，中央文献出版社 1996 年版。）

1934年9月上旬，国民党军队加紧对中央革命根据地腹地发动进攻，红军已无在原地扭转战局的可能。10月，中共中央、中革军委率中央红军主力8.6万多人，踏上战略转移的漫漫征程，开始了世界历史上前所未有的壮举……（1935年）10月19日，陕甘支队到达陕北吴起镇。至此，中央红军主力行程二万五千里、纵横11个省的长征胜利结束。中央红军主力长征即将胜利结束时，毛泽东写下了《七律·长征》，艺术地、形象地表现了红军将士不屈不挠、英勇顽强的气概和革命乐观主义精神。

毛泽东曾形象地指出："长征是历史纪录上的第一次，长征是宣言书，长征是宣传队，长征是播种机。"它宣告了国民党反动派消灭中国共产党和红军的图谋彻底失败，宣告了中国共产党和红军肩负着民族希望胜利实现了北上抗日的战略转移，实现了中国共产党和中国革命事业从挫折走向胜利的伟大转折，开启了中国共产党为实现民族独立、人民解放而斗争的新的伟大进军。长征后保存下来的红军人数虽然不多，但这是党极为宝贵的精华，构成以后领导全民族抗日战争和人民解放战争的骨干。

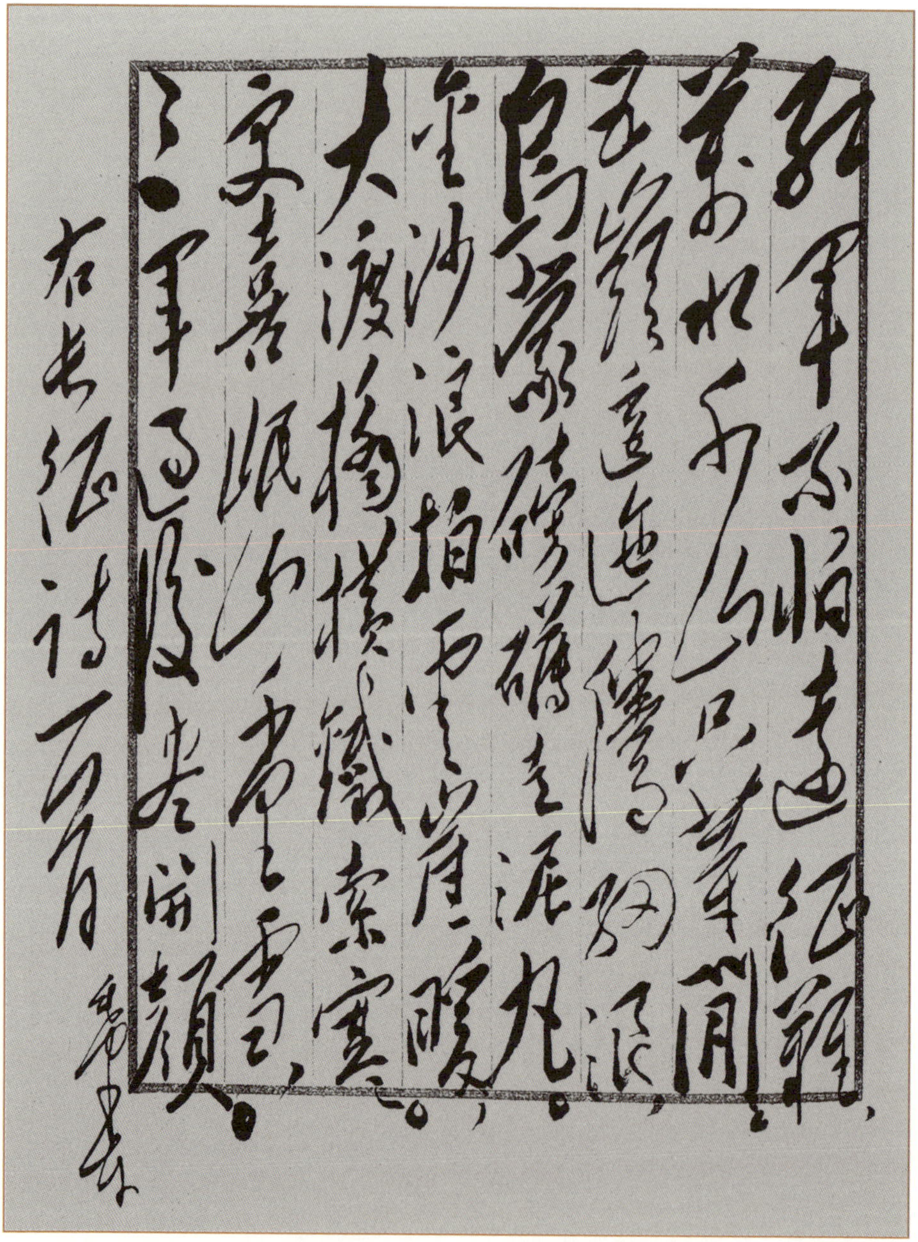

毛泽东《七律·长征》手迹

# 雪压竹头低

方志敏

雪压竹头低，
低下欲沾泥。
一朝红日起，
依旧与天齐。

1935 年

（选自《新中国的先声：中国无产阶级革命先驱诗存 1903—1949》，吉林文史出版社 2009 年版。）

方志敏（1899—1935），原名远镇，号慧生，江西弋阳人。1924 年加入中国共产党，参与创建了土地革命时期赣东北和闽浙赣革命根据地。1934 年，率红军北上，次年 1 月被国民党反革命军队逮捕，8 月在南昌被杀害。著有《可爱的中国》《狱中纪实》等。

1934 年 4 月中下旬，国民党军队集中力量进攻中央苏区的北大门广昌。由于战术策略失误，经过 18 天血战，红军遭受重大伤亡，广昌失守。

为调动和牵制敌人，减轻中央革命根据地的压力，7 月上旬，红七军团改编为北上抗日先遣队，开赴闽浙皖赣边区活动，同方志敏领导的红十军会合后组成红十军团。在国民党军队重兵堵追下，1935 年 1 月底，红十军团遭受严重损失。方志敏被俘后，于 8 月英勇就义。他在狱中写下了《可爱的中国》《清贫》等不朽篇章，不仅发出“敌人只能砍下我们的头颅，决不能动摇我们的信仰”的铮铮誓言，还描绘了他对未来的期盼：“中国一定有个可赞美的光明前途”，“生育我们的母亲，也会最美丽地装饰起来，与世界上各位母亲平等地携手了”。

# 义勇军进行曲

田　汉

起来！不愿做奴隶的人们！
把我们的血肉筑成我们新的长城！
中华民族到了最危险的时候，
每个人被迫着发出最后的吼声。
起来！起来！起来！
我们万众一心，
冒着敌人的炮火，前进！
冒着敌人的炮火，前进！
前进！前进！进！

1935 年

（选自 1936 年《现代知识（上海）》第 1 卷。）

田汉（1898—1968），本名田寿昌，笔名田汉，湖南长沙人。1921 年与郭沫若、成仿吾、郁达夫等组建创造社。1930 年加入中国左翼联盟，1932 年加入共产党。他是中国现代戏剧三大奠基人之一，创作了《黎明之前》等优秀话剧以及《英雄儿女》等电影剧本。在诗歌创作上，也有《毕业歌》《义勇军进行曲》等佳作传世。

受抗日救亡强烈氛围的感染，由聂耳作曲、田汉作词的《义勇军进行曲》一经问世，就迅速传遍祖国大地，成为时代最强音，对动员人民奋起抗日救亡起了巨大作用。“中华民族到了最危险的时候，每个人被迫着发出最后的吼声……”这首歌荡气回肠、刻骨铭心，表达出全民族的满腔悲愤，点燃了每个中国人强烈的爱国激情，唱出誓死保卫祖国的英雄气概，成为伟大爱国主义精神的不朽杰作。

# 三大纪律八项注意

程　坦

革命军人个个要牢记
三大纪律八项注意
第一一切行动听指挥
步调一致才能得胜利
第二不拿群众一针线
群众对我拥护又喜欢
第三一切缴获要归公
努力减轻人民的负担
三大纪律我们要做到
八项注意切莫忘记了
第一说话态度要和好
尊重群众不要耍骄傲
第二买卖价钱要公平
公买公卖不许逞霸道

第三借人东西用过了
当面归还切莫遗失掉
第四若把东西损坏了
照价赔偿不差半分毫
第五不许打人和骂人
军阀作风坚决克服掉
第六爱护群众的庄稼
行军作战处处注意到
第七不许调戏妇女们
流氓习气坚决要除掉
第八不许虐待俘虏兵
不许打骂不许搜腰包
遵守纪律人人要自觉
互相监督切莫违反了
革命纪律条条要记清
人民战士处处爱人民
保卫祖国永远向前进
全国人民拥护又欢迎

1935 年

（选自《部队文艺》1947 年第 1 卷第 3 期。）

程坦（1907—1980），又名程宗寿，湖北黄安人。1928 年加入中国共产党。土地革命战争时期，任乡苏维埃主席等职。1935 年，他将“三大纪律八项注意”写进《土地革命成功了》的民歌曲调中，成为这首《三大纪律八项注意》。

对工农革命军，毛泽东要求改变过去军队只顾打仗的旧传统，担负起打仗消灭敌人、打土豪筹款子、做群众工作三项任务。1928 年 4 月，他又总结部队做群众工作的经验，规定部队必须执行三大纪律、六项注意。以后六项注意又发展成八项注意。这些规定体现了人民军队的本质，对于正确处理军队内部关系、军民关系和瓦解敌军等，都起了重大作用。

# 沁园春 雪

毛泽东

北国风光，
千里冰封，
万里雪飘。
望长城内外，
惟余莽莽；
大河上下，
顿失滔滔。
山舞银蛇，
原驰蜡象，
欲与天公试比高。
须晴日，
看红装素裹，
分外妖娆。

江山如此多娇，
引无数英雄竞折腰。
惜秦皇汉武，
略输文采；
唐宗宋祖，
稍逊风骚。
一代天骄，
成吉思汗，
只识弯弓射大雕。
俱往矣，
数风流人物，
还看今朝。

1936 年 2 月

（选自《毛泽东诗词集》，中央文献出版社 1996 年版。）

毛泽东揭示了中国半殖民地半封建社会的性质和主要特征，近代中国社会的主要矛盾和中国革命发生及发展的原因。在此基础上，他指出中国共产党领导的整个中国革命运动，是包括民主主义革命和社会主义革命两个阶段在内的全部革命运动。而1919年五四运动以后的中国民主革命，已经是无产阶级领导的人民大众的反帝反封建的新民主主义革命。

新民主主义理论的提出和系统阐明，是马克思主义中国化的重大理论成果，标志着毛泽东思想得到多方面展开而趋于成熟。这个理论从思想上武装了中国共产党人，使全党极大地增强了参加和领导抗日战争和新民主主义革命的自觉性。

沁园春

北国风光，
千里冰封，
万里雪飘。
望长城内外，
惟馀莽莽；
大河上下，
顿失滔滔。
山舞银蛇，
原驰蜡象，
欲与天公试比高。
须晴日，
看红装素裹，
分外妖娆。

* * *

江山如此多娇，
引无数英雄竞折腰。
惜秦皇汉武，
略输文采；
唐宗宋祖，
稍逊风骚。
绝代姿容，
成吉思汗，
只识弯弓射大雕。
俱往矣，
数风流人物，
还看今朝。

毛泽东《沁园春·雪》手迹

# 初抵吴起镇

林伯渠

一年胜利到吴起，
陕北风光慰所思。
大好河山耐实践，
不倦鞍马证心期。
坚持遵义无穷力，
鼓励同仁绝妙诗。
迈步前进爱日永，
阳关坦荡已无歧。

1936 年

**（选自《十老诗选》，中国青年出版社 1979 年版。）**

---

林伯渠（1886—1960），名祖涵，湖南临澧人。早年参加同盟会。1937 年任陕甘宁边区政府主席。曾任中央人民政府秘书长、全国人大常委会副委员长等职。著有《林伯渠文集》。

# 梅岭三章

陈　毅

一九三六年冬，梅山被围。余伤病伏丛莽间二十余日，虑不得脱，得诗三首留衣底。旋围解。

## 一

断头今日意如何？
创业艰难百战多。
此去泉台招旧部，
旌旗十万斩阎罗。

## 二

南国烽烟正十年，
此头须向国门悬。
后死诸君多努力，
捷报飞来当纸钱。

三

投身革命即为家，
血雨腥风应有涯。
取义成仁今日事，
人间遍种自由花。

1936 年

（选自《陈毅诗词选集》，人民文学出版社 1977 年版。）

陈毅（1901—1972），四川乐至人，字仲弘。中国无产阶级革命家、军事家、诗人。中华人民共和国成立后，曾任华东军区司令员、上海市市长、中央军委副主席、国务院副总理兼外交部部长等职。著有《陈毅诗词选集》《陈毅诗词全集》等。

中央红军主力撤出根据地时，党中央决定成立苏区中央分局和中央军区，以项英为分局书记兼军区司令员和政治委员。同时，成立以陈毅为主任的中华苏维埃共和国中央政府办事处。

留在根据地的红军队伍和游击队约 1.6 万人，在项英和陈毅的率领下，策应、掩护主力红军战略转移后，分散突围，开展游击战争。由于众寡悬殊，遭受重大损失。苏区中央分局继续坚持领导和开展了闽赣边和闽西地区的游击战争。1935 年 3 月底，项英、陈毅等率领约 300 人，到达赣粤边地，以油山为中心，坚持艰苦的游击战争。其间，陈毅曾写下："投身革命即为家，血雨腥风应有涯。取义成仁今日事，人间遍种自由花。"这表达了共产党人面对异常艰难的斗争形势矢志不渝、永不言弃的革命意志和革命精神。

# 访西安办事处志感

叶剑英

西安捉蒋翻危局，
内战吟成抗日诗。
楼屋依然人半逝，
小窗风雪立多时。

1979 年

（选自《当代六家诗词探究》，北京师范大学当代文学研究室 1980 年版。）

叶剑英（1897—1968），字沧白，广东梅县人。中华人民共和国十大元帅之一。先后任广东省人民政府主席兼广州市市长、中央军委副主席、中共中央书记处书记、中央军委秘书长、国防部长、全国人民代表大会常务委员会委员长等职。著有《叶剑英诗词选集》。

1936年12月4日，蒋介石亲赴西安，逼迫张学良、杨虎城率部“剿共”。张学良、杨虎城在向蒋介石要求抗日遭拒后，于12月12日凌晨，采取了“兵谏”，扣留了蒋介石，并通电全国，提出停止内战、一致抗日等八项主张。这就是震惊中外的西安事变。

# 滨江抒怀

赵一曼

誓志为人不为家，
涉江渡海走天涯。
男儿岂是全都好，
女子缘何分外差？
一世忠贞兴故国，
满腔热血沃中华。
白山黑水除敌寇，
笑看旌旗红似花。

1936 年

（选自《革命先辈战斗诗词选辑》，解放军出版社 2013 年版。）

赵一曼（1905—1936），原李坤泰，出生于四川宜宾。1926年加入中国共产党。1927年赴苏联学习。次年回国，先后在江西、上海等地从事地下工作。“九一八”事变后，被派往东北，曾任哈尔滨市总工会代理书记，中共满洲省委妇女委员，中共珠河中心县委委员兼铁北区委书记，东北抗日联军第三军第一师第二团政委等职。1935年10月，次年被杀害。

在东北抗联这支英勇的队伍里，涌现出许许多多可歌可泣的英雄人物和英雄事迹。1936年8月，年仅31岁的赵一曼牺牲前，在给儿子的遗书中写道：“我最亲爱的孩子啊！母亲不用千言万语来教育你，就用实行来教育你。在你长大成人之后，希望不要忘记你的母亲是为国而牺牲的！”赵一曼“誓志为人不为家”的高尚情操生动诠释了伟大的东北抗联精神。

# “饮马长城窟”

周立波

“饮马长城窟”
我还记得这古时代的名歌。

但于今
长城何在？
把多少汉瓦秦砖，
无端抛弃，
在百代英雄征战的圣地，
竖起降旗，
“堂堂华胄”
沦为奴隶！

但奴隶有醒的。
看吧，

人已经引征骑北上，
他们的旗帜，
耀目的，
翻展在金色的阳光里。
旗上的字，
外面是
“还我江山！”
里面是
“不为奴隶！”
听各地的人声呵，
海涛般的在应和了：
“还我江山！”
“不为奴隶！”

“饮马长城窟”，
我曾记得这古时代的名歌，
到于今
它已经有了新的意义。

1936年

（选自《文学》1936年六卷第六号。）

周立波（1908—1979），原名周绍仪，字凤翔，号奂卿，笔名周立波。湖南益阳人。1935年加入中国共产党，从事无产阶级文学创作。代表作有长篇小说《暴风骤雨》《山乡巨变》等，翻译俄国作家肖洛霍夫作品《被开垦的处女地》等。

1935年8月1日，中共驻共产国际代表团草拟《中国苏维埃政府、中国共产党中央为抗日救国告全体同胞书》（八一宣言），不久公开发表。宣言主张停止内战，组织国防政府和抗日联军，对日作战。

# 游击队歌

贺绿汀

我们都是神枪手，
每一颗子弹消灭一个仇敌，
我们都是飞行军，
哪怕那山高水又深。
在密密的树林里，
到处都安排同志们的宿营地，
在高高的山岗上，
有我们无数的好兄弟。
没有吃，没有穿，
自有那敌人送上前，
没有枪，没有炮，
敌人给我们造。
我们生长在这里，
每一寸土地都是我们自己的，

无论谁要强占去，
我们就和他拼到底！

哪怕日本强盗凶，
我们的兄弟打起仗来真英勇，
哪怕敌人枪炮狠，
找不到我们踪和影。
让敌人乱冲撞，
我们的阵地建在敌人侧后方，
敌人战线愈延长，
我们的队伍愈扩张。
不分穷，不分富，
四万万同胞齐武装，
不论党，不论派，
大家都来抵抗。
我们愈打愈坚强，
日本的强盗自己走向灭亡，
看最后胜利日，
世界的和平现曙光！

1937 年

（选自《自由中国》1938 年 5 月第二号。）

贺绿汀（1903—1999），原名贺安卿，湖南邵东人。1926年加入中国共产党。1931年入国立音乐专科学校，师从黄自学习作曲。他创作许多脍炙人口的歌曲，包括《游击队歌》《摇篮曲》等。他还为《十字街头》《马路天使》等电影创作插曲，深受欢迎。

《论持久战》系统阐明了党的抗日持久战战略总方针，是中国共产党领导抗日战争的纲领性文献。它不仅指明了必须持久抗战才能取得最后胜利的前景，而且提出了一整套动员人民群众，在持久战争中不断削弱敌方的优势、生长自己的力量、以夺取最后胜利的切实可行的办法，大大增强了人们坚持抗战的决心和信心。

与此同时，毛泽东还写作了《抗日游击战争的战略问题》一文，特别强调了抗日战争全过程中游击战争的重要战略地位。

# 假使我们不去打仗

田　间

假使我们不去打仗，
敌人用刺刀
杀死了我们，
还要用手指着我们骨头说：
　　“看，
　　这是奴隶！”

1938 年

（选自《抗战诗抄》，新华书店 1950 年版。）

田间（1916—1985），原名童天鉴，安徽无为人，七月派代表诗人之一。1934 年加入中国左翼作家联盟，参与《新诗歌》《每周诗歌》等编辑工作。著有《未明集》《中国牧歌》《抗战诗抄》《田间诗抄》等诗集。在发表《假使我们不去打仗》后，被闻一多誉为“擂鼓诗人”“时代的鼓手”。

1938 年春，作者田间随西北战地服务团到达延安。为适应现实斗争的需要，他与几个同志一起发起了街头诗运动，他们把揭露日本侵略罪行、鼓舞人民斗志的诗篇，写在墙壁、岩石和大树上，这首诗便是其中一首。

# 北渡拒马河

肖　克

北渡拒马河，
百花山在望。
建立挺进军，
深入敌心脏。
放眼冀热辽，
前程不可量。
军民同协力，
胜过诸葛亮。
抗战虽持久，
笑我力正壮。

1939 年

（选自《将帅诗词 300 首》，解放军出版社 2000 年版。）

肖克一作萧克（1907—2008），原名武毅，字子敬，湖南嘉禾人。1927年加入中国共产党，先后参加北伐战争、南昌起义、长征、抗日战争和解放战争。中华人民共和国成立后，曾任第一、二、三届国防委员会委员，中国人民政治协商会议第五届全国委员会副主席，中国共产党第八届中央委员，第十届候补中央委员，第十一届中央委员等职。著有《南昌起义》《萧克回忆录》《萧克诗稿》《浴血罗霄》等作品。

# 出太行

朱　德

一九四〇年五月，经洛阳去重庆谈判，中途返延安。是时抗战紧急，内战又起，国人皆忧。

群峰壁立太行头，
天险黄河一望收。
两岸烽烟红似火，
此行当可慰同仇。

1940 年

（选自《朱德诗选集》，人民文学出版社 1977 年第 2 版。）

# 答徐老延安赠别

董必武

山居感秋意，
草木渐萧索。
独有松柏姿，
青青向寥廓。
干挺不畏风，
根深土嫌薄。
吸取无所限，
到老犹磅礴。
高逸孺可钦，
清标邈如鹤。
忧国心耿耿，
夙夜求民瘼。
人世将巨变，
吾华亦有作。

力拒豕蛇侵，
欲去东邻恶。
阋墙不可再，
巢覆当共愕。
同心可断金，
首要重然诺。
延水流潺湲，
嘉岭足堪托。
政行三三制，
防守倚卫霍。
驱车从此别，
巴渝暂栖泊。
口舌倘可用，
相期保謇谔。

1940 年

（选自《董必武诗选》，人民文学出版社 1977 年版。）

各抗日根据地相继实行了精兵简政、统一领导、拥护爱民、“三三制”、减租减息等十大政策，对克服困难、渡过难关、巩固抗日根据地起了重要作用。

“三三制”，是中国共产党在各抗日根据地政权建设上实行的重要原则，即共产党员、党外进步人士和中间派在抗日民主政权中各占1/3。

# 游击队部的夜

魏　巍

游击队前方的夜，
多么的静呵！
只有窗外蛙声如潮。

灯下，
小鬼们讨论着政治课，
那么热闹，
队长在写战斗报告。
突然，炮声在近处响了……
但象没有这事，
小鬼们依然讨论着政治课，
队长在写战斗报告。

作客的虽然心里慌，

但不好说；
只听着窗外的蛙声如潮……

1940 年

（选自《黎明风景》，人民文学出版社 1955 年版。）

---

魏巍（1920—2008），本名魏鸿杰，笔名魏巍，河南郑州人。1938 年，加入中国共产党。其代表作有《黎明风景》《魏巍诗选》等诗集，《谁是最可爱的人》等散文以及《东方》等小说。

红军改编为国民革命军后，迅速开赴抗日前线。此刻，抗日战争正处在战略防御阶段。这个阶段呈现出两大特点：一是日军分路深入中国广大领土，对中国正面战场的攻势达到顶点；二是中国共产党领导的人民军队开展敌后游击战争，并迅速壮大起来。

在深入敌人后方以后，八路军应该怎样作战，怎样打敌人？党确定了基本的是游击战，但不放松有利条件下的运动战的作战方针。党领导的人民军队在军事战略上实行了重大转变，就是由土地革命战争后期的运动战向抗日游击战争转变。

# 为江南死国难者志哀

周恩来

千古奇冤，
江南一叶；
同室操戈，
相煎何急？！

1941 年

（选自《新华日报》1941 年 1 月 18 日。）

1941 年 1 月，国民党顽固派制造震惊中外的皖南事变。新四军军部及所属皖南部队 9000 余人，在遵照国民党军事当局的命令向北转移途中遭到国民党军 8 万余人的伏击和围攻，除 2000 余人突围外，一部被打散，大部壮烈牺牲或被俘，军长叶挺在同国民党军进行谈判时被扣押，副军长项英在突围过程中遇害。事变发生后，蒋介石竟诬称新四军“叛变”，宣布取消其番号。

《新华日报》冲破国民党的新闻检查，刊出周恩来两条题词手迹：“为江南死国难者志哀”和“千古奇冤，江南一叶；同室操戈，相煎何急？！”在重庆和整个国民党统治区引起了很大反响。

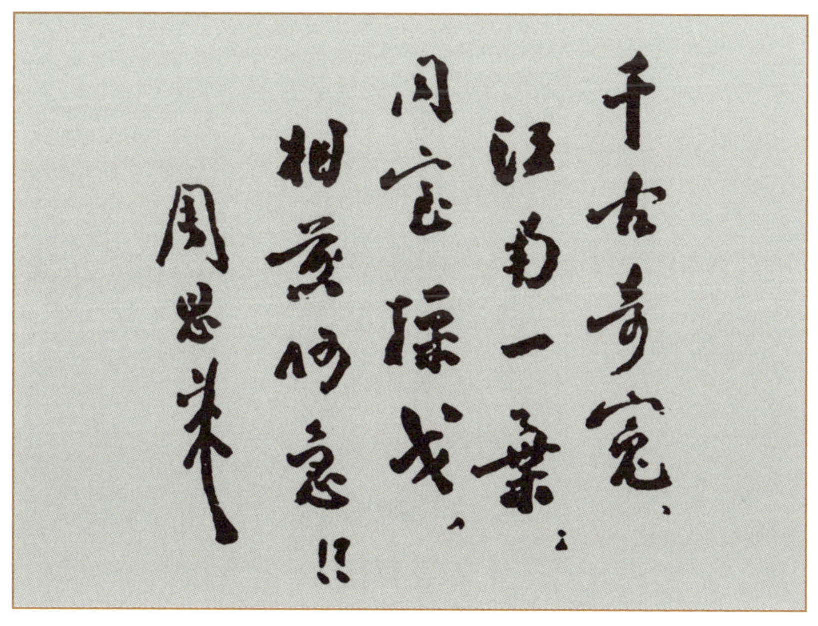


周恩来《为江南死国难者志哀》手迹（资料图片）

# 卅年九月五日，约在延耆老作延水雅集，即日成立“怀安诗社”，赋呈与会诸君（二首）

林伯渠

## 其一

目送征鸿远，
秋笼延水深。
朱颜何可驻，
华发漫相侵。
寰宇风云会，
高台长短吟。
会文信有托，
今古事同钦。

## 其二

十年挟策费调停，
待整金瓯拱宿星。
抗敌计无分畛域，
匡时论共契兰馨。
边城重寄期安堵，
盛会嘉宾喜满庭。
田野风多秋气健，
及时樽酒慰遐龄。

1941 年

（选自《怀安诗社诗选》，陕西人民出版社 1980 年版。）

# 我用残损的手掌

戴望舒

我用残损的手掌
摸索这广大的土地：
这一角已变成灰烬，
那一角只是血和泥；
这一片湖该是我的家乡，
（春天，堤上繁花如锦障，
嫩柳枝折断有奇异的芬芳，）
我触到荇藻和水的微凉；
这长白山的雪峰冷到彻骨，
这黄河的水夹泥沙在指间滑出；
江南的水田，你当年新生的禾草
是那么细，那么软……现在只有蓬蒿；
岭南的荔枝花寂寞地憔悴，
尽那边，我蘸着南海没有渔船的苦水……

无形的手掌掠过无限的江山，
手指沾了血和灰，手掌沾了阴暗，
只有那辽远的一角依然完整，
温暖，明朗，坚固而蓬勃生春。
在那上面，我用残损的手掌轻抚，
像恋人的柔发，婴孩手中乳。
我把全部的力量运在手掌
贴在上面，寄与爱和一切希望，
因为只有那里是太阳，是春，
将驱逐阴暗，带来苏生，
因为只有那里我们不像牲口一样活，
蝼蚁一样死……那里，永恒的中国！

1942 年

（选自《灾难的岁月》，星群出版社 1948 年版。）

---

戴望舒（1905—1950），名承，字朝安，浙江杭州人。1927 年，创作诗歌《雨巷》，1929 年出版第一本诗集《我的记忆》，而后陆续出版《望舒草》《望舒诗稿》《灾难的岁月》等诗集，是现代象征主义代表诗人之一。

# 囚　歌

叶　挺

为人进出的门紧锁着，
为狗爬走的洞敞开着，
一个声音高叫着：
——爬出来吧，给你自由！

我渴望着自由，
但我深深地知道——
人的身躯怎能从狗洞子里爬出！

我希望有一天，
地下的烈火，
将我连这活棺材一齐烧掉，

我应该在烈火与热血中得到永生！

1942 年

（选自《囚歌》，四川人民出版社 1978 年版。）

---

叶挺（1896—1946），原名叶为询，字希夷，广东惠阳人。1924 年加入中国共产党。土地革命战争时期，参与指挥南昌起义并出任前敌总指挥。抗日战争时期，曾任新四军军长，皖南事变被国民党扣押，写《囚歌》以明志。1946 年，由重庆赴延安途中，因飞机失事而遇难。

# 黎明的通知

艾　青

为了我的祈愿
诗人啊，你起来吧

而且请你告诉他们
说他们所等待的已经要来

说我已踏着露水而来
已借着最后一颗星的照引而来

我从东方来
从汹涌着波涛的海上来

我将带光明给世界
又将带温暖给人类

借你正直人的嘴
请带去我的消息

通知眼睛被渴望所灼痛的人类
和远方的沉浸在苦难里的城市和村庄

请他们来欢迎我——
白日的先驱，光明的使者

打开所有的窗子来欢迎
打开所有的门来欢迎

请鸣响汽笛来欢迎
请吹起号角来欢迎

请清道夫来打扫街衢
请搬运车来搬去垃圾

让劳动者以宽阔的步伐走在街上吧
让车辆以辉煌的行列从广场流过吧

请村庄也从潮湿的雾里醒来
为了欢迎我打开它们的篱笆

请村妇打开她们的鸡埘
请农夫从畜棚牵出耕牛

借你的热情的嘴通知他们
说我从山的那边来，从森林的那边来

请他们打扫干净那些晒场
和那些永远污秽的天井

请打开那糊有花纸的窗子
请打开那贴着春联的门

请叫醒殷勤的女人
和那打着鼾声的男子

请年轻的情人也起来
和那些贪睡的少女

请叫醒困倦的母亲
和他身边的婴孩

请叫醒每个人
连那些病者和产妇

连那些衰老的人们
呻吟在床上的人们

连那些因正义而战争的负伤者
和那些因家乡沦亡而流离的难民

请叫醒一切的不幸者
我会一并给他们以慰安

请叫醒一切爱生活的人
工人，技师及画家

请歌唱者唱着歌来欢迎
用草与露水所渗合的声音

请舞蹈者跳着舞来欢迎
披上她们白雾的晨衣

请叫那些健康而美丽的醒来
说我马上要来叩打他们的窗门

请你忠实于时间的诗人
带给人类以慰安的消息

请他们准备欢迎，请所有的人准备欢迎
当雄鸡最后一次鸣叫的时候我就到来

请他们用虔诚的眼睛凝视天边
我将给所有期待我的以最慈惠的光辉

趁这夜已快完了，请告诉他们
说他们所等待的就要来了

1942 年

（选自《黎明的通知》，文化供应社 1942 年印行。）

艾青（1910—1996），原名蒋正涵，字养源，号海澄，浙江金华人。1932 年加入中国左翼作家联盟。1941 年到延安。1945 年加入中国共产党。著有《大堰河》《艾青选集》《彩色的诗》《域外集》等诗集。

抗日根据地在进行干部培养和开展文化教育方面也取得了显著成绩。全民族抗战开始后，党中央所在地延安成了革命者向往的“圣地”，很多热血青年是“打断骨头连着筋，扒了皮肉还有心，只要还有一口气，爬也要爬到延安城”。

# 南泥湾

贺敬之

花篮的花儿香，
听我来唱一唱：
唱呀一唱——
来到了南泥湾，
南泥湾好地方，
好地呀方。
好地方来好风光，
好地方来好风光，
到处是庄稼，
遍地是牛羊。

往年的南泥湾，
处处是荒山，
没呀人烟……

如今的南泥湾，
与往年不一般，
不一呀般。
如呀今的南泥湾呀，
与呀往年不一般——
再不是旧模样，
是陕北的好江南……

陕北的好江南，
鲜花开满山，
开满呀山——
学习那南泥湾，
处处是江南。
又战斗来又生产，
三五九旅是模范……
咱们走向前，
鲜花送模范……

1943 年

（选自《贺敬之文集》，作家出版社 2005 年版。）

贺敬之（1924—），山东峄县人。1941年加入中国共产党，曾担任中华人民共和国文化部副部长，中宣部副部长，文化部党组书记、代部长等职。有《贺敬之文集》《贺敬之诗新选》《贺敬之新古体诗选释》等著作出版。

大生产运动是克服抗日根据地困难的重要一环，总方针是“发展经济，保障供给”。1939年2月，当困难刚刚露头的时候，毛泽东就发出了“自己动手”的号召。1941年，党中央再次强调必须走生产自救的道路。同年春，八路军第三五九旅开进南泥湾实行军垦屯田。他们发扬自力更生、奋发图强的精神，使昔日荒凉的南泥湾变成了“陕北的好江南”。

陕甘宁边区和华北敌后抗日根据地开展大生产运动后，人民负担大大减轻，军民生活明显改善，党和人民群众的血肉联系得到此。

延安大生产（资料图片）

# 没有共产党就没有新中国

曹火星

没有共产党就没有新中国
没有共产党就没有新中国
共产党辛劳为民族
共产党他一心救中国
他指给了人民解放的道路
他领导中国走向光明
他坚持了抗战八年多
他改善了人民生活
他建设了敌后根据地
他实行了民主好处多
没有共产党就没有新中国
没有共产党就没有新中国

1943 年

（选自 1943 年 12 月“群众剧社”主办《群众歌声》。）

曹火星（1924—1999），原名曹峙，河北平山人。1938年参加革命，1943年加入中国共产党。他秉持“人民是音乐的创造者”的观念，创作了《没有共产党就没有新中国》《我们的祖国到处是春天》等歌曲，出版有《火星歌曲选集》等。

1943年，曹火星在北平（北京）房山区霞云岭乡堂上村创作的歌曲，在抗日战争时期该村为平西根据地的前沿地带。

# 七大开幕

陈　毅

百年积弱叹华夏，
八载干戈仗延安。
试问九州谁作主？
万众瞩目清凉山。

1945 年

（选自《陈毅诗词选集》，人民文学出版社 1977 年版。）

在德国法西斯面临彻底覆亡和抗日战争接近胜利的前夜，在全党整风的基础上，1945 年 4 月至 6 月，中国共产党第七次全国代表大会在延安杨家岭中央大礼堂召开。出席大会的正式代表 547 人，候补代表 208 人，代表着全国 121 万名党员。这次大会负有总结以往革命经验、迎接抗日战争胜利和引导中国走向光明前途的任务。

毛泽东向大会提交《论联合政府》政治报告并作口头报告，朱德作《论解放区战场》军事报告，刘少奇作《关于修改党章的报告》，周恩来作《论统一战线》发言。

# 抗日战争胜利

谢觉哉

八月十五复仇节，
八月十五胜利天。
伏尸流血五千里，
尝胆卧薪一百年。
虎待全擒须扫穴，
鱼还未得莫忘筌。
拼将福祉贻孙子，
嘉岭山头看月圆。

1945 年

（选自《谢老诗选》，中国青年出版社 1980 年版。）

谢觉哉（1884—1971），字焕南，别号觉斋，湖南宁乡人。1925年加入中国共产党。曾任中央人民政府内务部部长、最高人民法院院长、全国政协副主席等职。著有《谢觉哉文集》等。

（1945年）8月15日，日本天皇裕仁以广播形式发布《终战诏书》。日本无条件投降。9月2日，日本代表在投降书上签字。侵华日军128万人向中国投降。至此，中国抗日战争胜利结束，世界反法西斯战争也胜利结束。日本代表在投降书上签字的第二日即9月3日，成为中国人民抗日战争胜利纪念日。

# 王贵与李香香（节选）

李　季

## 团　圆

崔二爷来发了火：
“死丫头这样不抬举我！”

黑心歪尖赛虎狼，
下了毒手抢香香。

七碟子八碗摆酒席，
看下的日子腊月二十一。

崔二爷娶小狗腿子忙，
坐席的净是连排长。

当兵的每人赏了五毛钱，

猜拳赌博闹翻天。

香香哭的象泪人，
越想亲人越伤心。

红绸子袄来绿缎子裤，
两三个老婆来强固。

香香又哭又是骂：
“姓崔的你怎么不娶你老妈妈！

“有朝一日遂了我心愿，
小刀子扎你没深浅！”

听见只当没听见，
崔二爷炕上抽洋烟；

过足了烟瘾去看酒，
推推让让活象一群咬架狗。

你敬我来我敬你，

烧酒喝在狗肚里。

你恭喜他恭喜，
崔二爷好比是他亲大哩。

崔二爷来笑嘻嘻：
“薄酒蔬菜大家要原谅哩；

“我娶这小房靠大家，
众位不帮忙就没办法。

“本来该叫她来敬敬酒，
酬劳诸位多辛苦。

“脑筋不转只是个哭，
往后闲了再叫她补。

“这个女人生来贱，
看不上有钱的爱穷汉；

“穷骨头王贵争又抢，

胳膊扭大腿他犯不上。

“我和她这婚姻天配就，
东捣西捣没脱过我的手。

“从来肥羊大圈里生，
穷鬼们啥也闹不成。

“说来说去还是我说的那句话：
太阳会从西边出来吗？”

喝酒赌博寨门口没放哨，
游击队悄悄进来了！

枪声一响乱喊“杀”，
咱们的游击队打来啦！

一人一马一杆枪，
咱们游击队势力壮！

大刀、马刀、红缨枪，

马枪、步枪、无烟钢。

白军当兵的那个愿打仗？
乖乖地都给游击队缴了枪。

点起火把满寨子明，
庄户人个个来欢迎。

连排长没兵酒席桌前干着急，
崔二爷怕的钻到炕洞里。

连长走了抓排长，
一个一个都捆上。

崔二爷浑身软不塌塌，
捆一个“老头来看瓜”。

连长翻身往外跳，
冷不防被牛四娃抓定了。

听见了枪响香香笑，

十成是咱游击队打来了；

人逢喜事精神爽，
翻起身来跳下炕。

走起路来快又急，
看看我亲人在那里？

队长跟前请了假，
王贵到上院来找她；

满院子火把亮又明，
不见我妹妹在那里盛？

远远了见一个新媳妇，
上身穿红下身绿。

马有记性不怕路途长，
王贵的模样香香不会忘；

羊肚子手巾脖子里围，

不是我哥哥是个谁！

两人见面手拉着手，
难说难笑难开口；

一肚子话儿说不出来，
好比一条手巾把嘴塞。

挣扎半天王贵才说了一句话；
“咱们闹革命，革命也是为了咱！”

1945 年

（选自《解放日报》1946 年 9 月 22 日至 24 日。）

李季（1922—1980），原名李振鹏，笔名里计、于一帆，河南唐河人。1938年，加入中国共产党。善作长篇叙事诗，代表作有《王贵与李香香》等，另有短诗集《玉门诗抄》等。

在整风运动中，党中央于1942年5月召开延安文艺座谈会。毛泽东在讲话中强调："为什么人的问题，是一个根本的问题，原则的问题。""我们的文学艺术都是为人民大众的，首先是为工农兵的"。在毛泽东延安文艺座谈会讲话精神指引下，广大文艺工作者纷纷奔向抗战前线，深入农村、部队、工厂，接触群众，体验生活，创作了《白毛女》《兄妹开荒》《逼上梁山》《王贵与李香香》等一大批反映现实生活的群众喜闻乐见的优秀作品。

# 夜　读

黄炎培

时奔走参与南京国共和谈。

眼底千姿百态奇，
心弦颤断一丝丝。
秋灯独客钟山下，
老舍文章鲁迅诗。

1946 年 10 月 30 日南京

（选自《黄炎培诗集》，中国文史出版社 1987 年版。）

黄炎培(1878—1965),字任之,上海川沙人。早年加入同盟会。1941 年成立民主同盟，被选为常委。1945 年成立民主建国会，选为常务理事。曾任政务院副总理、轻工业部部长、全国人大常委会副委员长等职。著有《苞桑集》《天长集》《延安归来》等。

基于对和平的真诚愿望和对局势的清醒认识，党中央认为，同国民党进行和平谈判是必要的；即使是暂时的和平局面，也应该积极争取。

(1945 年)8 月 25 日，党中央发表《对目前时局的宣言》，明确提出和平、民主、团结的口号。当晚，中央政治局决定毛泽东等赴重庆同蒋介石进行和平谈判。

1945 年 8 月 28 日，毛泽东一行从延安飞抵重庆。

1946 年 6 月 26 日，国民党军队在完成内战准备后，以 22 万人悍然进攻鄂豫边境的中原解放区。其后，国民党军向其他解放区展开大规模进攻。全面内战由此爆发。

# 四川省委被迫自重庆撤回延安有感

吴玉章

坚持革命驻渝州，
日报宣传争自由。
剥开画皮人称快，
抗议美兵众同仇。
出动军警真无理，
视同囚犯岂甘休。
多承周董英明教，
全师而退作新谋。

1947 年

（选自《吴玉章诗选》，四川人民出版社 1983 年版。）

吴玉章（1878—1966），四川荣县人。早年加入同盟会。1925年加入中国共产党，参加八一南昌起义。抗战期间，曾任鲁迅艺术学院院长、延安大学校长、边区文委主任。中华人民共和国成立后，任中国人民大学校长、中国文字改革委员会主任等职。著有《辛亥革命》《历史文集》《吴玉章回忆录》等。

在重庆的中共代表团成员，左起：吴玉章、陆定一、周恩来、邓颖超、董必武、王若飞、秦邦宪。（资料图片）

# 中原会战

## 调寄临江仙

郭化若

千载义旗初逐胜，
惊天气壮河山。
合围百万笑中看。
中原多激战，
几见此时酣？！

雪浪翻飞风似箭，
阵前歌舞犹欢。
游鱼釜底待朝餐。
明春花盛放，
传檄到江南。

1948 年

（选自《将帅诗词 300 首》，解放军出版社 2000 年版。）

郭化若（1904—1995），福建福州人。1925年考入黄埔军校第四期炮兵科学系，走上革命道路。1926年加入中国共产党。曾担任延安炮兵学校校长，为中国共产党领导下的炮兵建设做出贡献。中华人民共和国成立后，从事战史研究，组织编写《中国人民解放军战史》等著作，又出版《郭化若诗词墨迹选》《郭化若回忆录》等。

辽沈战役刚结束，华东野战军和中原野战军及部分地方武装共60余万人，在以徐州为中心，东起海州、西至商丘、北起临城（今薛城）、南达淮河的地区，发起规模空前的淮海战役。

经此一役，南线国民党军队精锐主力已被消灭，长江中下游以北的广大地区获得解放，同华北解放区连成一片。国民党政府首都南京直接暴露在人民解放军面前，国民党反动统治陷入土崩瓦解的境地。

# 我的“自白”书

陈　然

任脚下响着沉重的铁镣，
任你把皮鞭举得高高，
我不需要什么自白，
哪怕胸口对着带血的刺刀！

人，不能低下高贵的头，
只有怕死鬼才乞求“自由”；
毒刑拷打算得了什么？
死亡也无法叫我开口！

对着死亡我放声大笑，
魔鬼的宫殿在笑声中动摇；
这就是我——一个共产党员的自白，

高唱凯歌埋葬蒋家王朝。

1948年

（选自《革命烈士诗抄》，中国青年出版社1959年版。）

---

陈然（1923—1949），原名陈崇德，河北香河人。1939年加入中国共产党，曾任中共重庆地下党主办的《挺进报》特别支部书记。1948年因叛徒出卖被捕，1949年10月28日英勇就义。《我的“自白书”》就是陈然的狱中之作。

重庆解放前夕，众多被关押在渣滓洞、白公馆的共产党人惨遭国民党反动派杀害。共产党人江竹筠受尽国民党军统特务的各种酷刑，坚贞不屈，宁死不泄露党的任何机密，人们亲切地称她为“江姐”。面对敌人的严刑拷打，她坚定地说：“竹签子是竹子做的，共产党员的意志是钢铁。”在新中国已经成立、重庆即将解放之际，江姐壮烈牺牲，年仅29岁。以江姐为代表的许多革命烈士经受住种种酷刑折磨，不折不挠，宁死不屈，为中国人民解放事业献出自己宝贵生命，凝结成“红岩精神”。

# 七律 人民解放军占领南京

毛泽东

钟山风雨起苍黄，
百万雄师过大江。
虎踞龙盘今胜昔，
天翻地覆慨而慷。
宜将剩勇追穷寇，
不可沽名学霸王。
天若有情天亦老，
人间正道是沧桑。

1949 年 4 月

（选自《毛泽东诗词集》，中央文献出版社 1996 年版。）

（1949 年）4 月 23 日，解放军占领国民党统治中心南京，宣告延续 22 年的国民党反动统治覆灭。毛泽东在北平香山双清别墅看到这个捷报后，写下《七律·人民解放军占领南京》。他用“宜将剩勇追穷寇，不可沽名学霸王”，表达了将革命进行到底的决心；用“天若有情天亦老，人间正道是沧桑”，揭示了人类社会进步的客观规律。

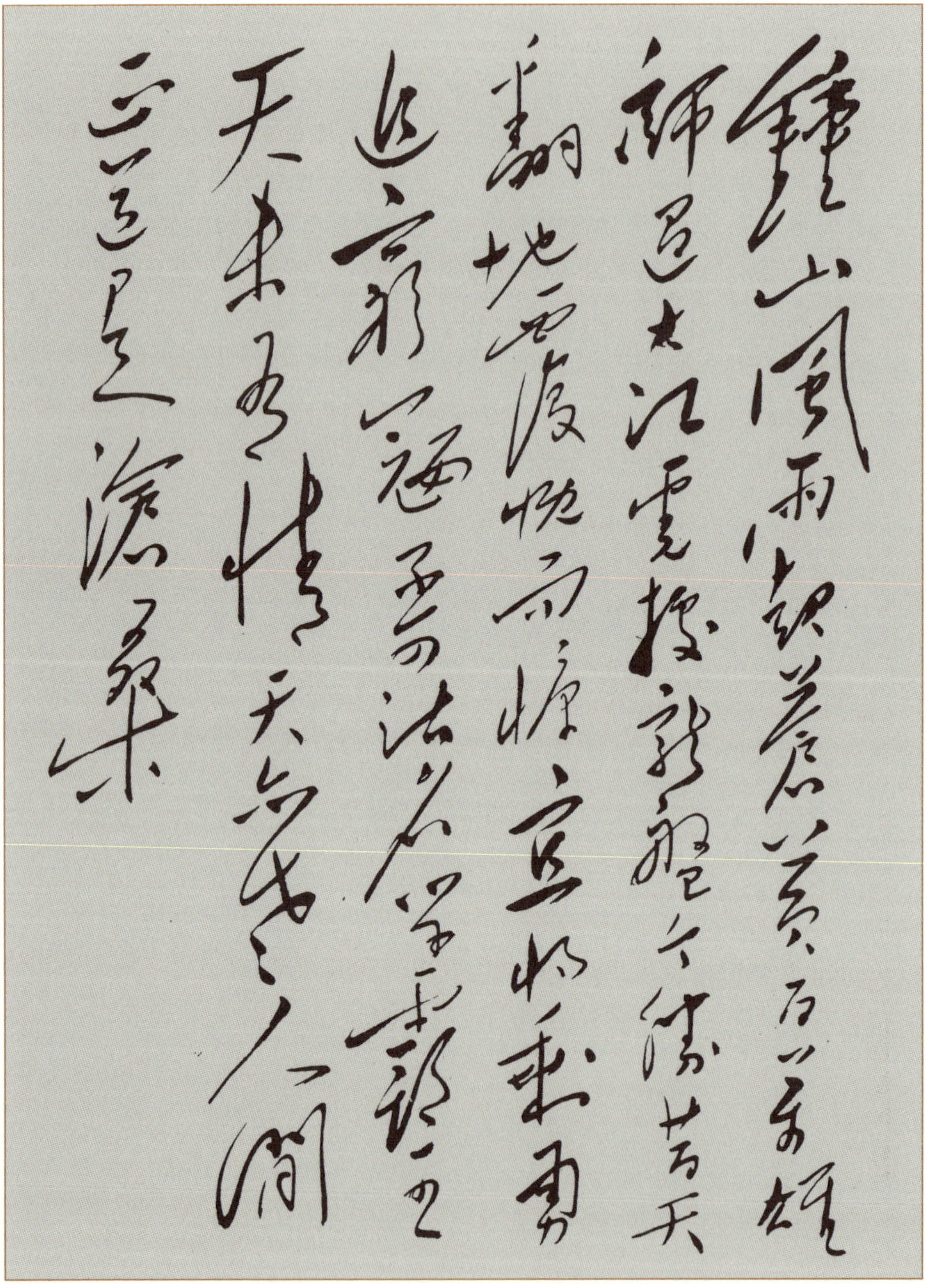

钟山风雨起苍黄百万雄
师过大江虎踞龙盘今胜昔天
翻地覆慨而慷宜将剩勇
追穷寇不可沽名学霸王
天若有情天亦老人间
正道是沧桑

毛泽东《七律·人民解放军占领南京》手迹

# 祝政协会议成功

熊瑾玎

怀仁堂上聚群英，
国事商量细且精。
三部宪章凭制定，
万年基业告完成。
人民力量多强大，
蒋美残余快肃清。
团结翕如兄弟也，
中华从此乐和平。

1949 年 9 月 30 日

（选自《十老诗选》，中国青年出版社 1979 年版。）

熊瑾玎（1886—1973），别名楚雄，湖南长沙人。1927年赴武汉加入中国共产党。1928年，党中央任命他为中央机关会计。1938年初，任中央机关报《新华日报》总经理。中华人民共和国成立后，担任全国红十字总会副会长。1973年在北京病逝。

1949年9月，中国人民政治协商会议第一届全体会议在北平隆重召开。中国人民政治协商会议的召开，标志着100多年来中国人民争取民族独立和人民解放运动取得了历史性的伟大胜利，标志着爱国统一战线和全国人民大团结在组织上完全形成，标志着中国共产党领导的多党合作和政治协商制度正式确立。毛泽东在开幕词中向全世界豪迈地宣告：“我们有一个共同的感觉，这就是我们的工作将写在人类的历史上，它将表明：占人类总数四分之一的中国人从此站立起来了。”他还预言：“随着经济建设的高潮的到来，不可避免地将要出现一个文化建设的高潮。中国人被人认为不文明的时代已经过去了，我们将以一个具有高度文化的民族出现于世界。”

# 喜闻北平停战言和

王　耒

谁将巨手挽狂澜，
顿使干戈化敦槃。
一统车书开策画，
千年文物避摧残。
水通困辙鱼鳞活，
风定巢林鸟梦安。
闻说跨驴人倒堕，
太平倘许杖藜观。

1949 年

（选自《缀英集：中央文史研究馆馆员诗选》，
线装书局 2008 年版。）

王耒（1880—1956），字耕木，浙江杭州人。清举人，毕业于日本法政大学。曾任北洋政府国务院法制局局长、国务院秘书长、平政院评事等职。1956 年 11 月受聘为中央文史研究馆馆员。著有《耻无耻室诗词稿》等。

1949 年 1 月 10 日，党中央决定成立由林彪、罗荣桓、聂荣臻三人组成以林彪为书记的平津前线总前委。天津守敌拒绝接受和平改编后，1 月 14 日，解放军以强大兵力发起总攻，经过 29 小时激战，攻克天津，全歼守敌 13 万人。北平 20 余万守军在解放军严密包围下完全陷于绝境，在傅作义率领下接受和平改编。1 月 31 日，北平和平解放。

# 第二篇　换了人间

# 我们最伟大的节日

何其芳

## 一

中华人民共和国
在隆隆的雷声里诞生。

是如此巨大的国家的诞生，
是经过了如此长期的苦痛
而又如此欢乐的诞生，
就不能不象暴风雨一样打击着敌人，
象雷一样发出震动世界的声音……

## 二

多少年代，多少中国人民
在长长的黑暗的夜晚一样的苦难里
梦想着你，

在涂满了血的荆棘的路上
寻找着你，
在监狱中或者在战场上
为你献出他们的生命的时候
呼喊着你，

多少年代，多少内外的敌人
用最恶毒的女巫的话语
诅咒着你，
用最顽强的岩石一样的力量
压制着你，
在你开始成形的时候
又用各种各样的阴谋诡计
来企图虐杀你。
你新的中国，人民的中国呵，
你终于在旧中国的母体内
生长，壮大，成熟，
你这个东方的巨人终于诞生了。

## 三

终于过去了

中国人民的哭泣的日子，
中国人民的低垂着头的日子；

终于过去了
日本侵略者使我们肥沃的土地上长着荒草，
使我们肚子里塞着树叶的日子；

终于过去了
美国吉普车把我们象狗一样在街上压死，
美国大兵在广场上强奸我们妇女的日子；

终于过去了
中国最后一个黑暗王朝的统治！

## 四

蒋介石，帝国主义和封建主义杂交而生的蒋介石，
现代中国人民的灾难的代名词，
他用血来吓唬我们，
他把中国人民的血染遍了中国的土地。

但中国人民并没有被征服。

前年十月，
毛泽东指挥我们开始大进军，
并颁布了一连十五个“打倒蒋介石”的口号。
那是中国人民在心中郁结了许多年的仇恨。
那是最能鼓舞我们前进的动员令。
我们打过了黄河，打过了长江，
蒋介石匪帮
就象兔子一样逃跑，惊慌。

毛泽东，我们的领导者，我们的先知！
他叫我们喊出打倒日本帝国主义，
日本帝国主义就被我们打倒了！
他叫我们喊出打倒蒋介石，
蒋介石就被我们打倒了！
他叫我们驱逐美帝国主义出中国，
美帝国主义就被我们驱逐出去了！

都打倒了，都滚蛋了，都崩溃了，
所有那些驶行在我们内河里的外国的军舰，
所有那些捆绑着我们的条约，法律，
所有那些臭虫，所有那些鹰犬！

虽说他们现在还窃据着几小块土地
象打破了船以后抓着几片木板
很快就要被人民战争的波涛所吞没了！

毛泽东呵，
你的名字就是中国人民的力量和智慧！
你的名字就是中国人民的信心和胜利！

## 五

毛泽东向世界宣布：
中华人民共和国诞生了。
毛泽东向世界宣布：
我们已经站起来了，
我们再也不是一个被人侮辱的民族了。

欢呼呵！歌唱呵！跳舞呵！
到街上来，
到广场上来，
到新中国的阳光下来，
庆祝我们这个最伟大的节日！

## 六

北京和延安一样充满了歌声。
五星红旗在这绿色的城市中上升。

密集的群众的海洋：
无数的旗帜在掌声里飘动
就象在微风里颤动的波浪。
在毛泽东主席的面前
我们的海军走过，
我们的步兵走过，
我们的炮兵走过，
我们的战车走过，
我们的骑兵走过，
我们的空军在天空中飞行，
群众的队伍从广场上绕到
毛泽东主席的面前来喊着：
“毛主席万岁！”
毛泽东主席回答着：
“同志们万岁！”

这是何等动人的欢呼！

这是何等动人的领袖与群众的关系！

跳跃着喊！
舞动着两个手臂喊！
站在主席台下望着毛泽东主席不愿离开地喊！
把这个古老的城市喊得变成年青！
把旧社会留给我们身上的创伤和污秽
喊掉得干干净净！

举着红灯的游行的队伍河一样流到街上。
天空的月亮失去了光辉，星星也都要躲藏。

呵，我们多么愿意站在这里欢呼一个晚上！
我们多么愿意在毛泽东的照耀下
把我们一生献给我们自己的国家！

## 七

让我们更英勇地开始我们的新的长征！
我们已经走完了如此艰辛的第一步，
还有什么能够拦阻

## 毛泽东率领的队伍的浩浩荡荡的前进！

1949 年 10 月初

（选自《夜歌和白天的歌》，人民文学出版社 1952 年版。）

---

何其芳（1912—1977），原名何永芳，重庆万州人。1938 年到延安鲁迅艺术学院任教，同年加入中国共产党。著有《汉园集》《预言》《夜歌》等诗集以及《画梦录》等散文集。

1949 年 10 月 1 日下午，首都北京 30 万军民在天安门广场隆重举行开国大典。毛泽东庄严宣告：“中华人民共和国中央人民政府今天成立了。”54 门礼炮齐鸣 28 响，象征党领导人民奋斗 28 年的历程。中华人民共和国的成立，揭开了中国历史新的篇章。领导和组织人民革命取得胜利的中国共产党，成为在全国范围执掌政权的党，踏上了带领人民创造幸福美好生活的新征程。党的历史也揭开了新的篇章。

10 月 1 日这一天，成为中华人民共和国国庆日。

开国大典（资料图片）

# 中国人民解放军军歌

## （原名《军队进行曲》）

公　木

向前！向前！向前！
我们的队伍向太阳，
脚踏着祖国的大地，
背负着民族的希望，
我们是一支不可战胜的力量。
我们是工农的子弟，
我们是人民的武装，
从无畏惧，绝不屈服，英勇战斗，
直到把反动派消灭干净，
毛泽东的旗帜高高飘扬。
听！风在呼啸军号响，
听！革命歌声多嘹亮！
同志们整齐步伐奔向解放的战场，

同志们整齐步伐奔赴祖国的边疆，
向前！向前！
我们的队伍向太阳，
向最后的胜利，
向全国的解放！

1949 年

（选自《解放歌声》1949 年 1 月。）

---

公木（1910—1998），原名张松如，又名张松甫，笔名公木，河北辛集人。1937 年投身革命，1938 年到延安抗日军政大学学习，并加入中国共产党。他“十有五而志于诗”，代表作有《中国人民解放军军歌》《英雄赞歌》《吉林大学校歌》等，多收入《公木诗选》中。

# 中国人民志愿军战歌

麻扶摇

雄赳赳，
气昂昂，
跨过鸭绿江。
保和平，
卫祖国，
就是保家乡。
中国好儿女，
齐心团结紧。
抗美援朝，
打败美帝野心狼！

1950 年 11 月

（选自 1950 年 11 月 26 日《人民日报》。）

麻扶摇（1927—2019），原名麻向摇，黑龙江绥化人。1947年，麻扶摇参加东北民主联军，翌年入党。抗美援朝战争时，任炮兵连指导员赶赴前线。归国后，仍在炮兵部队任职。1950年，创作《中国人民志愿军战歌》歌词，刊载于《人民日报》，反响较大。

正当全国人民集中力量争取财政经济状况基本好转的时候，新中国又面临着外部侵略的威胁。1950年6月25日朝鲜内战爆发。美国政府立即作出武装干涉朝鲜内战的决定，并派遣第七舰队侵入台湾海峡，公然干涉中国内政，阻挠中国的统一大业。10月初，美军无视中国政府一再警告，悍然越过三八线，把战火烧到中朝边境，直接威胁新中国的国家安全。危急关头，朝鲜劳动党和政府请求中国出兵支援。

1950年10月8日，毛泽东发布命令，组建以彭德怀为司令员兼政治委员的中国人民志愿军。19日，志愿军雄赳赳气昂昂跨过鸭绿江。

经过艰苦卓绝的战斗，中朝军队打败了武装到牙齿的对手，打破了美军不可战胜的神话，迫使不可一世的侵略者于1953年7月27日在停战协定上签字。抗美援朝战争以伟大胜利向世界宣告："西方侵略者几百年来只要在东方一个海岸上架起几尊大炮就可霸占一个国家的时代是一去不复返了！"

中国人民志愿军跨过鸭绿江（资料图片）

# 贺人民解放军进驻拉萨

谭冠三

汉将班超斗敌顽，
拯民水火戍边关；
卅载忠心护西域，
定远侯名万古传。

茫茫雪山疆域宽，
祖国版图岂容奸；
驱逐英帝和匪叛，
进军宜早不宜晚。

大军西进一挥间，
二次长征不畏难；
数月艰辛卧冰凌，
世界屋脊红旗展。

男儿壮志当报国，
藏汉团结重如山；
高原有幸埋忠骨，
何须马革裹尸还。

1951 年 10 月

（选自《将帅诗词 300 首》，解放军出版社 2000 年 8 月版。）

---

谭冠三（1901—1985），曾用名谭才儒、谭年春。湖南耒阳人。无产阶级革命家、中国人民解放军高级将领。1926 年加入中国共产党，1928 年参加革命。曾任西藏军区政治委员、中共西藏工作委员会第二书记、监委书记，西藏自治区政协主席等职。

西藏是全国大陆最后一个待解放地区。近代以后，西方帝国主义一直觊觎西藏，在西藏培植和扶持分裂势力。新中国成立后，西藏地方政府上层少数分裂分子在帝国主义势力挑唆、策动下，企图将西藏从祖国大陆分离出去。党中央为此确定了绝不容许任何外国势力分割西藏的坚定不移的方针，同西藏上层分裂势力进行了军事和政治紧密配合的斗争。1951 年 5 月，中央人民政府同西藏地方政府签署《关于和平解放西藏办法的协议》（十七条协议）。10 月，人民解放军进驻拉萨，西藏获得和平解放，粉碎了帝国主义及西藏少数分裂分子制造“西藏独立”的图谋，实现了祖国大陆的统一。

# 初到文史馆感赋

钱来苏

昔人曾厌老文穷，
事业翻天道不同。
红日破寒苏涧草，
白头迎暖唱熏风。
旧京耆彦欣犹健，
新国诗篇创益工。
太液恩波浓似酒，
诸君何以慰劳农？

1951 年

（选自《十老诗选》，中国青年出版社 1979 年版。）

---

钱来苏（1884—1968），名拯，字来苏，原籍浙江杭县。1947 年投奔延安。新中国成立后被聘为中央文史研究馆馆员。著有《孤愤草初喜集合稿》《钱来苏诗选》等。

# 水调歌头 游泳

毛泽东

才饮长沙水，
又食武昌鱼。
万里长江横渡，
极目楚天舒。
不管风吹浪打，
胜似闲庭信步，
今日得宽馀。
子在川上曰：
逝者如斯夫！

风樯动，
龟蛇静，
起宏图。

一桥飞架南北，
天堑变通途。
更立西江石壁，
截断巫山云雨，
高峡出平湖。
神女应无恙，
当惊世界殊。

1956 年

（选自《毛泽东诗词集》，中央文献出版社 1996 年版。）

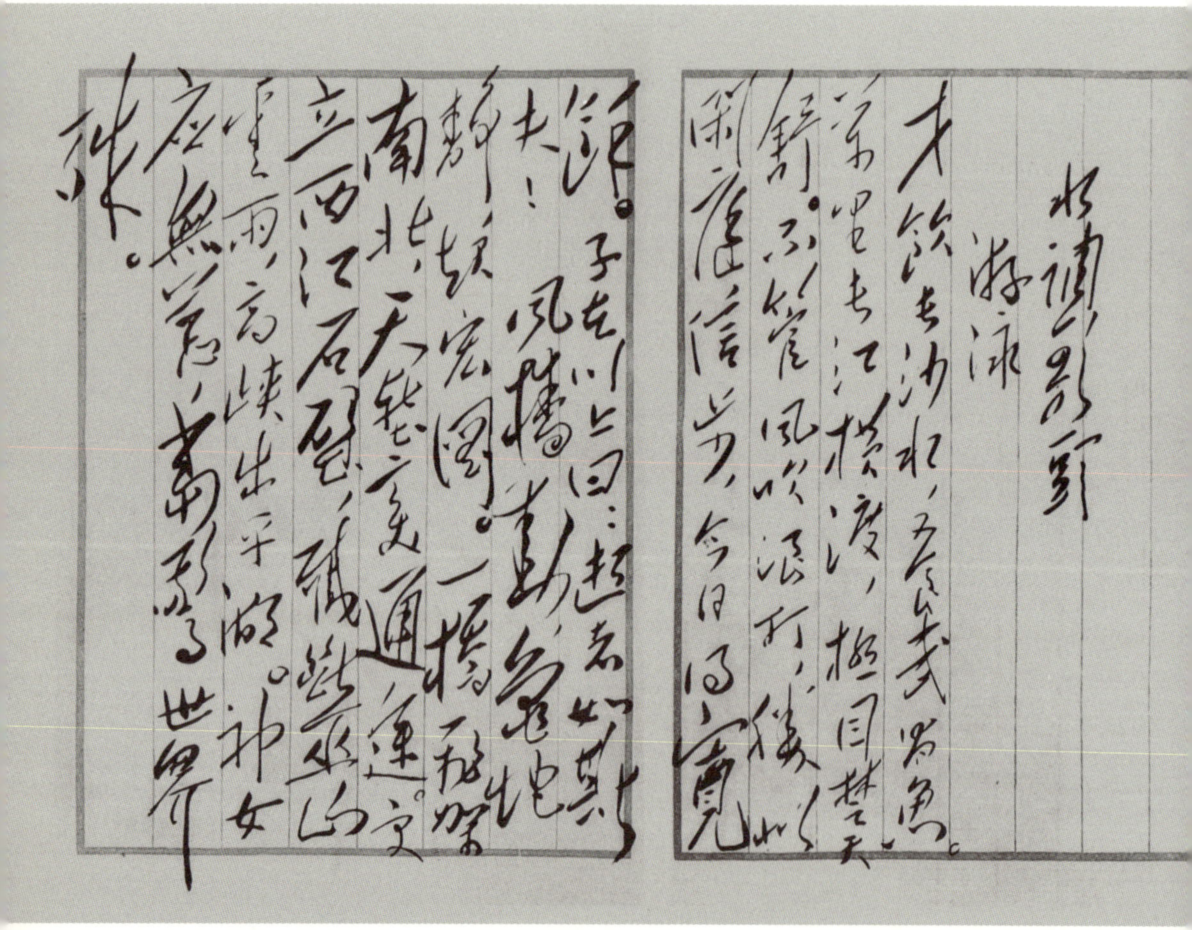

水调歌头
游泳

才饮长沙水，又食武昌鱼。万里长江横渡，极目楚天舒。不管风吹浪打，胜似闲庭信步，今日得宽馀。子在川上曰：逝者如斯夫！风樯动，龟蛇静，起宏图。一桥飞架南北，天堑变通途。更立西江石壁，截断巫山云雨，高峡出平湖。神女应无恙，当惊世界殊。

毛泽东《水调歌头·游泳》手迹

# 放声歌唱（节选）

贺敬之

……

春天了。

　　又一个春天。

黎明了。

　　又一个黎明。

啊，我们共和国的

　　　　万丈高楼

　　　　　　站起来！

　　它，加高了

　　　　　　一层——

　　　　　　　　又一层！

来！我挽着

　　　　你的手，

　　你挽着

我的胳膊，
在我们
如花似锦的
道路上，
前进啊
一程——
又一程！

在每一立方公尺的
土壤里，
都写着：
我们的
劳动
和创造；
在每一立方公分的
空气里，
都装满
我们的
欢乐
和爱情。

社会主义的

美酒啊，
浸透
我们的每一个
细胞，
和每一根
神经。
把一连串的
美梦
都变成
现实，
而梦想的翅膀
又驾着我们
更快地
飞腾……

啊，多么好！
我们的生活，
我们的祖国；
啊，多么好！
我们的时代
我们的人生！
让我们

放声
　　歌唱吧！
大声些，
　　大声，
　　　　大声！

……

让我们
　　更响亮地
　　　　歌唱吧！
让我们的歌声
　　飞向
　　　　今天和明天
　　　　　　世界上的
　　　　　　　　一切地方！
胜利啊——
　　人民！
胜利啊——
　　社会主义！
胜利啊——
　　我们伟大的

祖国！

胜利啊——

领导我们前进的

党——！

1956 年

（选自《贺敬之文集》，作家出版社 2005 年版。）

# 我的祖国

乔 羽

一条大河波浪宽，
风吹稻花香两岸，
我家就在岸上住，
听惯了艄公的号子，
看惯了船上的白帆。

这是美丽的祖国，
是我生长的地方；
在这片辽阔的土地上，
到处都有明媚的风光。

姑娘好像花儿一样，
小伙儿心胸多宽广，
为了开辟新天地，

唤醒了沉睡的高山，
让那河流改变了模样。
这是英雄的祖国，
是我生长的地方；
在这片古老的土地上，
到处都有青春的力量。

好山好水好地方，
条条大路都宽畅，
朋友来了有好酒，
若是那豺狼来了，
迎接它的有猎枪。

这是强大的祖国，
是我生长的地方；
在这片温暖的土地上，
到处都有和平的阳光。

1956 年

（选自《百年乐府——中国近现代歌词编年选（二）》，
上海音乐出版社 2018 年版。）

乔羽（1927—），山东济宁人。1946年初入晋冀鲁豫边区北方大学学习，开始发表诗歌和小说。1949年，加入中国共产党。1964年参加音乐舞蹈史诗《东方红》诗词部分创作。他创作的《我的祖国》《让我们荡起双桨》《夕阳红》《难忘今宵》《大风车》等，是各类文艺汇演的保留曲目。

# 闻长江大桥成喜赋

董必武

江汉三城隔，
相持鼎足然。
地为形所限，
人与货难迁。
利涉资舟楫，
风涛阻往还。
梦思仙杖化，
喜见铁桥悬。
武汉连一气，
龟蛇在两边。
滔滔流不尽，
荡荡路无偏。
转运增潜力，
工程壮大千。

山青深浅杂，
云白卷舒妍。
黄鹤楼非旧，
晴川阁尚全。
游观当日暮，
何物惹愁牵？

1957 年

（选自《董必武诗选》，人民文学出版社 1977 年版。）

1957 年 10 月 15 日武汉长江大桥建成通车（资料图片）

# 社会主义好

希　扬

社会主义好，社会主义好！
社会主义国家人民地位高。
反动派，被打倒，帝国主义夹着尾巴逃跑了。
全国人民大团结，掀起了社会主义建设高潮！

共产党好，共产党好！
共产党是人民的好领导。
说得到，做得到，全心全意为了人民立功劳。
坚决跟着共产党，要把伟大祖国建设好！

社会主义好，社会主义好！
社会主义江山人民保。
人民江山坐得牢，反动分子想反也反不了。
社会主义社会一定胜利，

共产主义社会一定来到！

共产党好，共产党好！
共产党领导中国富强了；
人民江山坐得牢，反动分子想反也反不了。

社会主义社会一定胜利，
共产主义社会一定来到！

1957 年

（选自《革命歌曲选》，宁夏人民出版社 1965 年版。）

希扬（1921—），原名霍希扬，河南开封人。1941 年，参加革命，1944 年入鲁迅艺术文学院，毕业后从事歌词创作。1956 年后，任中央歌舞团、中央民族乐团创作组组长。创作歌曲《将革命进行到底》《社会主义好》等，传唱度都很高。

1956 年，社会主义改造基本完成，我国社会主义政治制度和经济制度都已确立。至此，我国社会主义制度建立起来了。在党的带领下，中国这个占世界 1/4 人口的东方大国进入了社会主义社会，成功实现了中国历史上最深刻最伟大的社会变革。这是一个伟大的历史性胜利，为当代中国一切发展进步奠定了根本政治前提和制度基础。从此，党面临的根本任务，就是领导全国各族人民在新建立的社会主义制度的基础上，大力发展社会生产力，为实现国家富强、人民幸福而奋斗。

# 七律 送瘟神（二首）

毛泽东

读六月三十日《人民日报》，余江县消灭了血吸虫。浮想联翩，夜不能寐。微风拂煦，旭日临窗。遥望南天，欣然命笔。

**其一**

绿水青山枉自多，
华佗无奈小虫何！
千村薜荔人遗矢，
万户萧疏鬼唱歌。
坐地日行八万里，
巡天遥看一千河。
牛郎欲问瘟神事，
一样悲欢逐逝波。

## 其二

春风杨柳万千条，
六亿神州尽舜尧。
红雨随心翻作浪，
青山着意化为桥。
天连五岭银锄落，
地动三河铁臂摇。
借问瘟君欲何往，
纸船明烛照天烧。

1958 年

（选自《毛泽东诗词集》，中央文献出版社 1996 年版。）

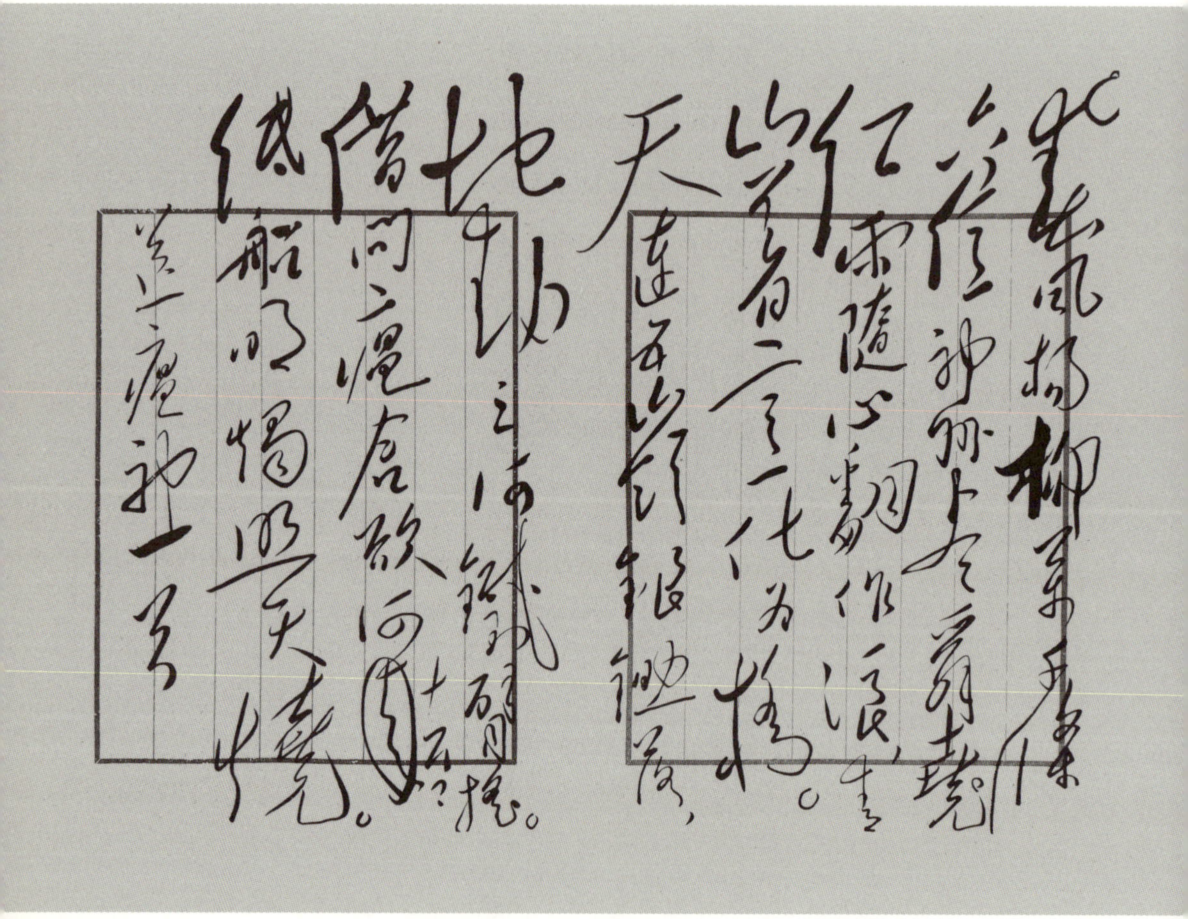

毛泽东《送瘟神一首》手迹

## 望江南 全国人代、政协大会书感（四首）

丰子恺

大团结，巩固胜长城。
汉彝蒙藏维吾尔，
弟兄民族一堂春。
六亿一条心。

大团结，盛会集群英。
报告英明多教育，
发言踊跃动听闻。
鼓掌如雷鸣。

大团结，民主是精神。
政治协商集众思，
人民代表洽群情。
举手如森林。

大团结，瑞色绕京城。
日月光华临国土，
氤氲佳气满乾坤。
万世永升平。

1959 年

（选自《光明日报》1959 年 4 月 23 日。）

---

丰子恺（1898—1975），原名丰润，号子恺，浙江崇德人。著名漫画家、教育家、翻译家，有《丰子恺文集》。

# 满庭芳 人民大会堂颂（二首）

赵朴初

## 一

天惊地动，
移山奇迹，
倒海神通。
一弹指顷恒沙涌，
楼殿重重。
望廊柱，
何来落帽风？
步玉堂，
疑踏带霞虹。
看万座如云拥。
雕龙刻凤，
陋矣帝王宫！

## 二

气吞大千，
天安门外，
泰岱庄严。
帝王宫争比人民殿？
凌跨前前！
听各族山呼一语言。
看远鹏海会异衣冠。
遍世界东风卷。
人民万岁！
长庆百花天。

1959 年

（选自《光明日报》1959 年 9 月 28 日。）

---

赵朴初（1907—2000），生于安徽太湖。参与创建中国民主促进会，曾任中国佛教协会会长、中国人民政治协商会议第九届全国委员会副主席等。他对文学与书法研究颇深，著有《滴水集》《片石集》《赵朴初韵文集》等。

# 庆祝十周年国庆

张恨水

长安街畔入丹霄，
练影呼嵩子午潮。
丝接彩车排队过，
云连楼阁拥旗飘。
宽衣比舞卑唐宋，
击壤兴歌小舜尧。
万国齐观天不夜，
年年此夜似今朝。

1959 年

（选自《缀英集：中央文史研究馆馆员诗选》，
线装书局 2008 年版。）

---

张恨水（1895—1967），原名张心远，笔名恨水，安徽潜山县人。中央文史研究馆馆员。著有《金粉世家》《啼笑姻缘》《剪愁集》等。

# 冬夜杂咏（十九首选四）

陈　毅

## 青　松

大雪压青松，
青松挺且直。
要知松高洁，
待到雪化时。

## 红　梅

隆冬到来时，
百花迹已绝。
红梅不屈服，
树树立风雪。

## 秋　菊

秋菊能傲霜，
风霜重重恶。
本性能耐寒，
风霜其奈何？

## 幽　兰

幽兰在山谷，
本自无人识。
只为馨香重，
求者遍山隅。

1960 年

（选自《陈毅诗词选集》，人民文学出版社 1977 年版。）

# 三明新市

朱　德

上饶集中营，
拘留尽群英。
军渡长江后，
迁移到三明。
多少英雄汉，
就地遭非刑。
青山埋白骨，
绿水吊忠魂。
将此杀人地，
变为工业城。

1961 年

（选自《朱德诗选集》，人民文学出版社 1977 年版。）

# 水杉歌

胡先骕

余自戊子与郑君万钧刊布水杉，迄今已十有三载。每欲形之咏歌，以牵涉科学范围颇广，惧敷陈事实，堕入理障，无以彰诗歌咏叹之美。新春多暇，试为长言。典实自琢，尚不刺目。或非人境庐摘摭名物之比耶。

纪追白垩年一亿，
莽莽坤维风景丽。
特西斯海亘穷荒，
赤道暖流布温煦。
陆无山岳但坡陀，
沧海横流沮洳多。
密林丰薮蔽天日，
冥云玄雾迷羲和。
兽蹄鸟迹尚无朕，
恐龙恶蜥横驶娑。
水杉斯时乃特立，

凌霄巨木环北极。
虬枝铁干逾十围，
肯与群株计寻尺。
极方季节惟春冬，
春日不落万卉荣。
半载昏昏黯长夜，
空张极焰光朦胧。
光合无由叶乃落，
习性馀留犹似昨。
肃然一幅三纪图，
古今冬景同萧疏。
三纪山川生巨变，
造化洪炉恣鼓扇。
巍升珠穆朗玛峰，
去天尺五天为眩。
冰岩雪壑何庄严，
万山朝宗独南面。
冈达弯拿与华夏，
二陆通连成一片。
海枯风阻陆渐干，
积雪沍寒今乃见。

大地遂为冰被覆，
北球一白无丛绿。
众芳逋走入南荒，
万汇沦亡稀剩族。
水杉大国成曹郐，
四大部洲绝侪类。
仅馀川鄂千方里，
遗孑残留弹丸地。
劫灰初认始三木，
胡郑研几继前轨。
亿年远裔今幸存，
绝域闻风剧惊异。
群求珍植遍遐疆，
地无南北争传扬。
春风广被国五十，
到处孙枝郁莽苍。
中原饶富诚天府，
物阜民康难比数。
琪花琼草竞芳妍，
沾溉万方称鼻祖。
铁蕉银杏旧知名，

近有银杉堪继武。
博闻强识吾儒事，
笺疏草木虫鱼细。
致知格物久垂训，
一物不知真所耻。
西方林奈为魁硕，
东方大匠尊东壁。
如今科学益昌明，
已见泱泱飘汉帜。
化石龙骸夸禄丰，
水杉并世争长雄。
禄丰龙已成陈迹，
水杉今日犹葱茏。
如斯绩业岂易得，
宁辞皓首经为穷。
琅函宝笈正问世，
东风伫看压西风。

1961 年

（选自《胡先骕诗文集》，黄山书社 2018 年版。）

胡先骕（1894—1968），字步曾，号忏盦，江西新建人。中国植物分类学的奠基人。先后任南京高等师范学校、国立东南大学、北京大学、北京师范大学等校教授，中正大学校长，中央研究院评议员、院士。著有《胡先骕诗文集》等。

胡老此诗，介绍我国科学上的新发现，证明中国科学一定能够自立，且有首创精神，并不需要俯仰随人。诗末结以“东风伫看压西风”，正足以大张吾军。此诗富典实，美歌咏，乃其余事，值得讽诵。1962 年 2 月 8 日陈毅读后记。（见《人民日报》1962 年 2 月 17 日）

# 攻　关

叶剑英

攻城不怕坚，
攻书莫畏难。
科学有险阻，
苦战能过关。

1962 年

（选自《人民文学》1977 年第 9 期。）

# 乡村大道

郭小川

## 一

乡村大道呵，好像一座座无始无终的长桥！
从我们的脚下，通向遥远的天地之交；
那两道长城般的高树呀，排开了绿野上的万顷波涛。

哦，乡村大道，又好像一根根金光四射的丝绦！
所有的城市、乡村、山地、平原，都叫它串成珠宝；
这一串串珠宝交错相连，便把我们的锦绣江山缔造！

## 二

乡村大道呵，也好像一条条险峻的黄河！
每一条的河身，至少有九曲十八折；
而每一曲、每一折呀，都常常遇到突起的风波。

哦，乡村大道，又好像一道道干涸的沟壑！
那上面的石头和乱草呵，比黄河的浪涛还要多；
古往今来的旅人哟，谁不受够了它们的颠簸！

三

乡村大道呵，我生之初便在它上面匍匐；
当我脱离了娘怀，也还不得不在上面学步；
假如我不曾在上面匍匐学步，也许至今还是个侏儒。

哦，乡村大道，所有的山珍土产都得从此上路，
所有的英雄儿女，都得在这上面出出入入；
凡是前来的都有远大的前程，不来的只得老死狭谷。

四

乡村大道呵，我爱你的长远和宽阔，
也不能不爱你的险峻和你那突起的风波；
如果只会在花砖地上旋舞，那还算什么伟大的生活！

哦，乡村大道，我爱你的明亮和丰沃，
也不能不爱你的坎坎坷坷、曲曲折折；

不经过这样山山水水，黄金的世界怎会开拓！

1961 年作于昆明

1962 年改于北京

（选自《诗刊》1962 年第 4 期。）

---

郭小川（1919—1976），原名郭恩大，河北丰宁人。1937 年报名参加八路军，加入中国共产党。先后做过《群众日报》副总编辑、《天津日报》编辑部主任。1956 年至 1961 年，担任中国作家协会党组副书记、书记处书记兼秘书长等职。出版有诗集《团泊洼的秋天》《甘蔗林——青纱帐》《昆仑行》等。

面对严重经济困难，党中央和毛泽东决心认真调查研究，纠正错误，调整政策。1960 年 11 月，中央发出《关于农村人民公社当前政策问题的紧急指示信》，要求全党用最大努力坚决纠正“共产风”；1961 年 1 月，党的八届九中全会决定对国民经济实行“调整、巩固、充实、提高”的八字方针。以这两件事为标志，“大跃进”运动实际上已被停止，国民经济开始转入调整的新轨道。

为系统解决农村人民公社存在的问题，毛泽东于 1961 年 3 月主持起草《农村人民公社工作条例（草案）》（农业六十条）。在条例起草和修订期间全党的认识不断深化，开始逐步解决农民强烈反映的公共食堂等问题。

# 满江红

郭沫若

沧海横流，
方显出，
英雄本色。
人六亿，
加强团结，
坚持原则。
天垮下来擎得起，
世披靡矣扶之直。
听雄鸡一唱遍寰中，
东方白。

太阳出，
冰山滴；

真金在，
岂销铄？
有雄文四卷，
为民立极。
桀犬吠尧堪笑止，
泥牛入海无消息。
迎东风革命展红旗，
乾坤赤。

1963 年

（选自《〈东风〉旧体诗词选》，光明日报出版社 1985 年 9 月版。）

# 清平乐 我国首次原子弹爆炸成功

张爱萍

东风起舞，
壮志千军鼓。
苦斗百年今复主，
矢志英雄伏虎。

霞光喷射云空，
腾起万丈长龙。
春雷震惊寰宇，
人间天上欢隆。

1964 年

（选自《神剑冲天耀》，作家出版社 1998 年版。）

---

张爱萍（1910—2003），四川达县人。曾任红三军团第四师政治部主任、国防科委主任、国务委员兼国防部长、国务院副总理等职。1955 年被授予上将军衔。著有《手中剑之歌》等。

1964 年 10 月 16 日，中国第一颗原子弹爆炸成功。（资料图片）

# 我们是共产主义接班人

周郁辉

我们是共产主义接班人，
继承革命先辈的光荣传统，
爱祖国，爱人民，
鲜艳的红领巾飘扬在前胸。
不怕困难，不怕敌人，
顽强学习，坚决斗争。
向着胜利勇敢前进，
我们是共产主义接班人。

我们是共产主义接班人，
沿着革命先辈的光荣路程，
爱祖国，爱人民，
少先队员是我们骄傲的名称。
时刻准备，建立功勋，

要把敌人，消灭干净。
为着理想勇敢前进，
我们是共产主义接班人。

1965 年

（选自《百年乐府——中国近现代歌词编年选（二）》，
上海音乐出版社 2018 年版。）

---

周郁辉（1927—1987），山东龙口人。1944 年考入抗日军政大学牙山分校。1946 年加入共产党。曾先后担任部队政治干事、文工队长等职，1955 年转业，从事文艺创作与文艺活动组织工作。

# 翻身农奴把歌唱

李　堃

太阳啊霞光万丈
雄鹰啊展翅飞翔
高原春光无限好
叫我怎能不歌唱

雪山啊闪银光
雅鲁藏布江翻波浪
驱散乌云见太阳
革命道路多宽广

毛主席呀红太阳
救星就是共产党
翻身农奴把歌唱

# 幸福的歌声传四方

1964 年

（选自《百年乐府——中国近现代歌词编年选（二）》，

上海音乐出版社 2018 年版。）

---

李堃，中央新闻纪录电影制片厂编导，新闻纪录故事片《今日西藏》导演。生平不详。

# 我们走在大路上

李劫夫

我们走在大路上，
意气风发斗志昂扬，
共产党领导革命队伍，
披荆斩棘奔向前方。

革命红旗迎风飘扬，
中华儿女奋发图强，
勤恳建设锦绣河山，
誓把祖国变成天堂。

我们的道路洒满阳光，
我们的歌声传四方，
我们的朋友遍及全球，
五洲架起友谊桥梁。

我们的道路多么宽广，
我们的前程无比辉煌，
我们献身这壮丽的事业，
无限幸福无上荣光。

向前进！向前进！
革命气势不可阻挡，
向前进！向前进！
朝着胜利的方向。

1965 年

（选自《百年乐府——中国近现代歌词编年选（二）》，
上海音乐出版社 2018 年版。）

李劫夫（1913—1976），原名李云龙，吉林农安人。1938年加入中国共产党，从事革命文艺工作。中华人民共和国成立后，曾任沈阳音乐学院院长、辽宁文联副主席等职。他创作了《我们走在大路上》《革命人永远是年轻》《歌唱二小放牛郎》等多首歌曲。

经过七千人大会前后将近两年的调整，从1963年夏开始，各项建设事业呈现明显的健康发展势头。到1965年底，调整国民经济的任务全面完成。工农业生产总值超过历史最高水平；农轻重的比例关系得到改善；积累与消费的比例关系基本恢复正常；财政收支平衡，市场稳定，人民生活水平有所提高。“大跃进”和人民公社化运动带来的严重困难局面，依靠党和人民艰苦卓绝的努力终于得到改变。

# 冰化雪消必是春（二首）

秦基伟

人妖颠倒日月昏，
强令迁徙洞庭滨。
疆场敢洒满腔血，
陇田何惜汗一身。

不信地球不再转，
螳螂岂能挡巨轮。
人民在胸党在心，
冰化雪消必是春。

1969 年

（选自《将帅诗词 300 首》，解放军出版社 2000 年版。）

秦基伟（1914—1997），湖北黄安人。1929年参加中国工农红军，1930年加入中国共产党。历任成都军区司令员、北京军区司令员、国务委员兼国防部长、全国人民代表大会常委会副委员长等职，为中国共产党第十一至十三届中央委员，第十二届中央政治局候补委员，第十三届中央政治局委员，中央军委委员、常委。著有《秦基伟回忆录》等。

1966年，正当我国克服了国民经济的严重困难、完成经济调整任务、开始执行发展国民经济第三个五年计划的时候，“文化大革命”发生了。

“文化大革命”是在探求中国自己的社会主义道路的历程中遭到的严重挫折。中国共产党依靠自己的力量，最终自己纠正了这一严重错误。

# 扬眉剑出鞘

王立山

欲悲闻鬼叫，
我哭豺狼笑。
洒泪祭雄杰，
扬眉剑出鞘。

1976 年

（选自《天安门诗抄》，人民文学出版社 1978 年版。）

---

王立山（1953—），山西太原人。1976 年 4 月，因在天安门广场发布诗歌《扬眉剑出鞘》悼念周恩来总理，而为人熟知。

1976 年 1 月 8 日，全国各族人民敬爱的周恩来总理逝世。“四人帮”发出种种禁令，竭力阻挠和诬蔑群众性的悼念活动，激起全国广大干部和群众的极大愤怒。自 3 月下旬起，各地群众冲破阻力，举行悼念周恩来的活动，锋芒直指“四人帮”，是全国人民反对“四人帮”倒行逆施的集中表现。

# 八十书怀

叶剑英

八十毋劳论废兴，
长征接力有来人。
导师创业垂千古，
侪辈跟随愧望尘。
亿万愚公齐破立，
五洲权霸共沉沦。
老夫喜作黄昏颂，
满目青山夕照明。

1977 年

（选自《叶剑英诗词选集》，人民文学出版社 1991 年版。）

# 祝酒歌

韩　伟

美酒飘香啊歌声飞，
朋友啊请你干一杯；
胜利的十月永难忘，
杯中酒满幸福泪。

十月里，响春雷，
八亿神州举金杯；
舒心的酒啊浓又美，
千杯万盏也不醉。

手捧美酒啊望北京，
豪情啊胜过长江水；
锦绣前程党指引，
万里山河尽朝晖。

展未来，无限美，
人人胸中春风吹；
美酒浇旺心头火，
燃得斗志永不退。
今天啊畅饮胜利酒，
明日啊上阵劲百倍；
为了实现四个现代化，
愿洒热血和汗水。
征途上战鼓擂，
条条战线捷报飞；
待到理想化宏图，
咱重摆美酒再相会。

1978 年

（选自《百年乐府——中国近现代歌词编年选（二）》，
上海音乐出版社 2018 年版。）

韩伟（1945—），祖籍黑龙江。毕业于天津音乐学院音乐文学专业。1963年进入天津歌舞剧院创作室。20世纪90年代初调入北京武警部队文工团创作室。与作曲家施光南合作《祝酒歌》《打起手鼓唱起歌》。著有大型歌剧《屈原》《伤逝》等。

毛泽东逝世前后，“四人帮”加紧了夺取党和国家最高领导权的活动，许多老一辈革命家深感忧虑。10月6日晚，华国锋、叶剑英等代表中央政治局，执行党和人民的意志，对“四人帮”及其在北京的帮派骨干实行隔离审查。10月14日，党中央公布粉碎“四人帮”的消息，人们奔走相告，兴高采烈。

粉碎“四人帮”，结束了“文化大革命”，我国的社会秩序得以恢复，党和国家的工作开始重新走上健康发展的轨道。

# 第三篇　风雷磅礴

# 忆秦娥 祝科学大会

叶剑英

追科学，
西方世界鞭先着。
鞭先着。
宏观在宇，
微观在握。

神州九亿争飞跃，
卫星电逝吴刚愕。
吴刚愕。
九天月揽，
五洋鳖捉。

1978 年

（选自《叶剑英诗词选集》，人民文学出版社 1991 年版。）

1977年7月召开的党的十届三中全会决定恢复邓小平中共中央委员、中央政治局委员、常委，中共中央副主席，中共中央军委副主席，国务院副总理，中国人民解放军总参谋长的职务。邓小平复出后，主动要求分管科学教育工作，以此作为推动拨乱反正的突破口。

1978年3月全国科学大会召开，科学的春天到来了。

# 赞十一届三中全会（二首）

刘慎思

一届盛会挽狂澜，
根除内乱国宁安。
冲破禁区论真理，
实事求是路线端。

重心转移搞建设，
改革开放史无前。
国经磨难繁似锦，
十亿神州尽开颜。

1998 年 12 月 28 日

（选自《将帅诗词 300 首》，解放军出版社 2000 年版。）

刘慎思（1941—2018），四川仪陇县人。1959年参加中国人民解放军，1960年加入中国共产党，曾入国防大学、中央党校深造。历任辽宁省军区政治委员、中共辽宁省委常务委员等职。自幼喜爱诗歌，坚持创作不辍，创作了大量的诗词、书法作品。著有《慎思集》等。

1978年12月18日至22日，党的十一届三中全会在北京召开。全会冲破长期“左”的错误的严重束缚，彻底否定“两个凡是”的错误方针，高度评价关于真理标准问题的讨论，重新确立了党的实事求是的思想路线。

# 一九七八年的春天

李　瑛

当残雪融化，枯草间露出一丝鹅黄，
我听到蓬勃的春天在那里歌唱，
又一阵暴风雪已经过去，
天空射下灿烂的阳光。

无论是九天惊雷，还是春潮汛涨，
都抵不过我们战斗生活的喧响；
听，一粒粒萌生的种子在召唤明天，
千山万水间，呈现出何等繁忙的景象！

一切是这样动人，满含生机，
一切是这样富于理想和力量，
一切是这样无愧于伟大的时代和祖国，

## 呵，每分每秒，都充满热，都充满光！

1978 年

（选自《诗刊》1978 年 2 月号。）

---

李瑛（1926—2019），出生于辽宁锦州。1945 年考入北京大学学习文学，读书期间加入中国共产党。1949 年毕业后从事诗歌创作，曾担任文艺出版社社长、总政文化部部长、中国文艺界联合会副主席等职。著有《我骄傲，我是一棵树》《生命是一片叶子》《我的中国》等诗集。

党的十一届三中全会的胜利召开，标志着粉碎“四人帮”后党和国家工作在徘徊中前进的局面的结束。全会重新确立马克思主义的思想路线、政治路线、组织路线，实现了新中国成立以来党的历史上具有深远意义的伟大转折，开启了我国改革开放和社会主义现代化建设的新时期。全会作出实行改革开放的历史性决策，是基于对党和国家前途命运的深刻把握，是基于对社会主义革命和建设实践的深刻总结，是基于对时代潮流的深刻洞察，是基于对人民群众期盼和需要的深刻体悟。改革开放是中国共产党的一次伟大觉醒，正是这个伟大觉醒，孕育了党从理论到实践的伟大创造。从这次全会开始，改革开放和开创中国特色社会主义的大幕拉开，邓小平理论也逐步形成和发展起来。党的十一届三中全会作为一个伟大转折点而载入光辉史册。

# 沁园春 第四次文代会开幕喜赋

王季思

六十年来，
文坛回首，
战斗历程。
记黄河咆哮，
高歌反帝，
大江汹涌，
慷慨扬舲。
南国红花，
西山枫叶，
尽是前驱血染成。
头颅在，
为追求真理，
不惜牺牲。

今朝重会群英，
觉万里秋空喜气盈。
有沙场惯历，
延安老将；
义旗高举，
“四五”新兵。
历史无情，
人生有限，
莫匆匆白发生。
为四化，
愿同心同德，
跃马长征。

1979 年

（选自《〈东风〉旧体诗词选》，光明日报出版社 1985 年版。）

---

王季思（1906—1996），原名起，浙江永嘉人。曾任广东中山大学教授，中国韵文学会会长。著有《玉轮轩曲论》《玉轮轩古典文学论集》《王季思诗词录》等。

# 祖国呵，我亲爱的祖国

舒　婷

我是你河边上破旧的老水车，
数百年来纺着疲惫的歌；
我是你额上熏黑的矿灯，
照你在历史的隧洞里蜗行摸索
我是干瘪的稻穗，是失修的路基；
是淤滩上的驳船
把纤绳深深
勒进你的肩膊，
——祖国呵！

我是贫困，
我是悲哀。
我是你祖祖辈辈
痛苦的希望啊，

是“飞天”袖间
千百年未落到地面的花朵，
——祖国呵！

我是你簇新的理想，
刚从神话的蛛网里挣脱；
我是你雪被下古莲的胚芽；
我是你挂着眼泪的笑涡；
我是新刷出的雪白的起跑线；
是绯红的黎明
正在喷薄；
—— 祖国呵！

我是你的十亿分之一，
是你九百六十万平方的总和；
你以伤痕累累的乳房
喂养了
迷惘的我、深思的我、沸腾的我；
那就从我的血肉之躯上
去取得
你的富饶、你的荣光、你的自由；

——祖国呵，
我亲爱的祖国！

1979年

（选自《诗刊》1979年7月号。）

---

舒婷(1952—),原名龚佩瑜,祖籍福建泉州,出生于福建龙海。1969年开始诗歌创作。1979年，连续发表《致橡树》《祖国呵，我亲爱的祖国》《这也是一切》，引发长达半年之久的舒婷诗歌创作讨论，影响颇大。而后，陆续出版《双桅船》《会唱歌的鸢尾花》等诗集。

# 沁园春

## ——为中国共产党成立五十九周年作

茅　盾

烟雨楼前，
涟漪波光，
画舫轻摇。
听横空燕语，
笙歌罢奏；
潜虬惊起，
何处吹箫。
拂桨红菱，
沿堤绿柳，
无限风光春意饶。
试纵目，
有摩天鹰隼，
渐入云霄。

频年军阀贪饕，
况豆剖瓜分声浪高。
幸震天炮响，
送来马列；
万众迎新，
奔走呼号。
湖上当年，
十二先驱，
革命蓝图仔细描。
摸索久，
举燎原星火，
腥秽全烧。

1980 年

（选自《人民日报》1981 年 6 月 29 日。）

---

茅盾（1896—1981），原名沈德鸿，字雁冰，浙江桐乡人。1921 年 1 月，与郑振铎等组织文学研究会，并主编《小说月报》。抗日战争期间，积极参加抗日救亡运动。新中国成立后，曾任中央人民政府文化部长等职。著有《子夜》《蚀》《茅盾诗词集》等。

# 满庭芳 中国共产党成立六十周年献词

刘海粟

六十年前，
鸡鸣震旦，
一声啼醒神州。
碧天红镜，
辉映万兜鍪。
行遍千山万水，
擎镰斧、
风雨同舟。
五星耀，
天旋地覆，
处处有歌讴。

回头。
惊十稔，

春郊雉雊，
沧海横流。
只雷转风奔，
四害成囚。
从此蛛螯解网，
趋四化、
重写春秋。
人间乐，
无逾此日，
甲子庆重周。

1981 年

（选自《刘海粟诗词选》，福建美术出版社 1988 年版。）

---

刘海粟（1896—1994），名槃，字季芳，号海翁，江苏常州人。1912 年与乌始光、张聿光等创办上海图画美术院，后改为上海美术专科学校，任校长。1949 年后历任南京艺术学院院长、上海美术家协会名誉主席等。代表作有《黄山云海奇观》《披狐皮的女孩》《九溪十八涧》等。

# 飞京参加中科院第四次学术委员大会

苏步青

退居二线复何为，
腰脚犹轻任所之。
不上匡庐观日出，
欲横东海附机飞。
天涯亲友应惊老，
咫尺家山未赋归。
安得教鞭重在手，
弦歌声里尽馀微。

1981 年

（选自《苏步青业余诗词钞》，群言出版社 1994 年版。）

---

苏步青（1902—2003），浙江平阳人。中国科学院院士。曾任浙江大学数学系主任、复旦大学校长、全国政协副主席等职。著有《西居集》《原上草集》和《苏步青业余诗词钞》等。

# 在希望的田野上

陈晓光

我们的家乡，
在希望的田野上。
炊烟在新建的住房上飘荡，
小河在美丽的村庄旁流淌；
一片冬麦，一片高粱，
十里荷塘，十里果香。
咳！我们世世代代在这田野上生活，
为她富裕，为她兴旺。

我们的理想，
在希望的田野上。
禾苗在农民的汗水里抽穗，
牛羊在牧人的笛声中成长；
西村纺花，东港撒网，

北疆播种，南国打场。
咳！我们世世代代在这田野上劳动，
为她打扮，为她梳妆。
我们的未来，
在希望的田野上。
人们在明媚的阳光下生活，
生活在人们的劳动中变样；
老人们举杯，孩子们欢笑，
小伙儿弹琴，姑娘歌唱。
咳！我们世世代代在这田野上奋斗，
为她幸福，为她增光。

1981 年

（选自《百年乐府——中国近现代歌词编年选（二）》，
上海音乐出版社 2018 年版。）

---

陈晓光（1948—），河北景县人。1964 年参加工作，1986 年加入中国共产党。历任中国音乐家协会分党组书记、中国文联副主席、文化部副部长等职。2013 年，受聘为中央文史研究馆馆员。出版了《黄河上的太阳——晓光词作歌曲选集》《晓光歌诗选集》以及诗词集《心归何处》等。

# 就是那一只蟋蟀

流沙河

台湾诗人Y先生说："在海外，夜间听见蟋蟀叫，就会以为那是在四川乡下听到的那一只。"

就是那一只蟋蟀
钢翅响拍着金风
一跳跳过了海峡
从台北上空悄悄降落
落在你的院子里
夜夜唱歌

就是那一只蟋蟀
在《豳风·七月》里唱过
在《唐风·蟋蟀》里唱过
在《古诗十九首》里唱过
在花木兰的织机旁唱过

在姜夔的词里唱过
劳人听过
思妇听过

就是那一只蟋蟀
在深山的驿道边唱过
在长城的烽台上唱过
在旅馆的天井中唱过
在战场的野草间唱过
孤客听过
伤兵听过

就是那一只蟋蟀
在你的记忆里唱歌
在我的记忆里唱歌
唱童年的惊喜
唱中年的寂寞
想起雕竹做笼
想起呼灯篱落
想起月饼
想起桂花
想起满腹珍珠的石榴果

想起故园飞黄叶
想起野塘剩残荷
想起雁南飞
想起田间一堆堆的草垛
想起妈妈唤我们回去加衣裳
想起岁月偷偷流去许多许多

就是那一只蟋蟀
在海峡这边唱歌
在海峡那边唱歌
在台北的一条巷子里唱歌
在四川的一个乡村里唱歌
在每个中国人脚迹所到之处
处处唱歌
比最单调的乐曲更单调
比最谐和的音响更谐和
凝成水
是露珠
燃成光
是萤火
变成鸟
是鹧鸪

## 啼叫在乡愁者的心窝

就是那一只蟋蟀
在你的窗外唱歌
在我的窗外唱歌
你在倾听
你在想念
我在倾听
我在吟哦
你该猜到我在吟些什么
我会猜到你在想些什么
中国人有中国人的心态
中国人有中国人的耳朵

1982 年

（选自《长江文艺（武汉）》1982 年第 11 期。）

流沙河（1931—2019），本名余勋坦，出生于四川金堂。1957年，创办《星星》诗刊。1982年，流沙河在《星星》开设专栏，最早介绍台湾现代诗，与台湾诗人余光中结下诗歌之谊。先后出版了《锯齿啮痕录》《独唱》《流沙河诗集》等著作，其中《就是那一只蟋蟀》《理想》曾被选入中学语文课本。

实现祖国统一，始终是全体中华儿女的共同愿望。中国必须统一，也必然统一。在这个问题上，中国共产党人历来坚定不移、旗帜鲜明。党的十一届三中全会后，党中央和邓小平在毛泽东、周恩来等老一辈革命家关于争取和平解放台湾思想的基础上，正视历史和现实，创造性地提出"一国两制"科学构想，开辟了以和平方式实现祖国统一的新途径。

1982年1月，邓小平首次提出"一个国家，两种制度"的概念。

# 风入松

## 许海峰获男子自选手枪 60 发慢射冠军

田麦久

目凝靶定向圆心，
高艺化精纯。
皖东绿野神枪手，
怀家国、洛港征尘。
犹记泥丸童趣，
常思小径医针。

六十点射驭风云，
一弹定乾坤。
激昂义勇今初奏，
零突破、辉耀华春。
开路当先名将，

夺魁浩荡雄军。

1984 年

（选自《中国奥运冠军风采诗词：洛杉矶·悉尼卷》，

北京体育大学出版社 2016 年版。）

---

田麦久（1940—），山东青岛人。北京市人大原副主任、北京体育大学原副校长、浣花诗社社长。主编有《体育运动项目诗词》《中国奥运冠军风采诗词》等。

这是中国在 1984 年洛杉矶奥运会上的首枚金牌。许海峰出生于福建省漳州市，祖籍为安徽省和县，自幼喜爱玩弹弓。1979 年开始接触射击运动，1982 年起系统参加射击训练。

# 市　长

## ——与珠海特区市长一夕谈

田　间

市长在记者中间，
笑着并举杯闲谈——

他说：珠海怎么的，
不妨由你自己看。

只需中央一指点，
不需国家一分钱。

引进外资有原则，
对外合作有主权。

幢幢大楼林立，

座座荒丘已毁。

即使石头与海滩，
石头开花也烂漫。

听说有个“石不烂”
他来看过也心甘。

一年前我从内地来，
现实烈火淬了淬。

不开拓怎叫改革，
不改革又怎叫翻番？

石不烂呀心眼转，
车子将来能叫电脑牵？

石不烂左盼右盼，
日月也会有新门槛？

但愿人们睁开眼，

盼呀改呀要实干。

突然市长高举杯盏，
待你看罢咱再谈。

1985 年
（选自《诗刊》1985 年 6 月号。）

---

1979 年 4 月，中央召开工作会议。广东省委第一书记习仲勋提出，希望中央下放若干权力，让广东在对外经济活动中有必要的自主权；允许在毗邻港澳的深圳、珠海和侨乡汕头市举办出口加工区。福建省委也提出类似的设想。中央对此表示支持。

1980 年 5 月，党中央、国务院正式决定将“出口特区”定名为“经济特区”。8 月，五届全国人大常委会第十五次会议批准广东、福建两省在深圳、珠海、汕头、厦门设置经济特区。

珠海中心大厦图　陈晔华 摄（图 / 新华社）

# 告别吧，古老的瓦板屋

吉狄马加

我们大家都来想办法，凉山一百多万彝族，二十多万户，其中有房子的多少，房子差的多少，都要调查了解。

——一位中央领导视察凉山时的讲话

凉山州喜德县两河口区沙马拉达乡，依格生产队，二十一户彝家换上了新房。

——摘自笔记

我看见他们流泪了在搬房的时候
这些山里的人，感情像泥土一样纯朴
我看见他们围着自己的新房走啊走
这些古铜色的人，用沉默表达心里的幸福
告别吧，古老的瓦板屋

是的，这是两条古老河流交汇的地方
是的，这是月琴诞生的地方
是的，这是马布诞生的地方

是的，这是一千年的痛苦和一千年的欢乐诞生的地方
是的，这是一个山野民族终身依恋的地方
是的，就在这低低又高高的河岸上
我们的瓦板屋曾经站立着，像一群高傲的老人
它们永远抽着一支黎明点燃的炊烟
它们永远抽着一支黄昏点燃的炊烟
看吧，在那铝灰色的天幕尽头
历史仿佛又走向了那遥远的过去

多少年了，山长得很高很高，水流得很长很长
就像一部古老的史诗所唱的那样
我们的祖先走进了这低矮的房屋
围着那温暖的锅庄，穿着那狩猎的衣裳
因为有了你的存在啊，大山里的瓦板屋
一支迁徙的民族，一支走向高山的民族
才没有在那寂寞荒凉的山野里流浪
因为有了你的存在啊，大山里的瓦板屋
我们剽悍的男人，我们温情的女人
才会在寒冷的冬天里充满神奇的幻想
因为有了你的存在啊，大山里的瓦板屋
我们那些爱唱歌的牛，我们那些爱跳舞的羊

才这样甜蜜和安然地睡到了人的身旁
瓦板屋啊，我将用历史的歌喉赞美你的过去

但今天啊，我古老的瓦板屋，我悠久的瓦板屋
我将不再充满痴情来赞美你
要我赞美的是那宽敞明亮的大瓦房
是又一代彝家人的新理想
要我赞美的是那条铺满黄金的路
是第一个放在彝人家中的“大三洋”
古老的瓦板屋，我将吹响八十年代的号角向你告别
你看啊，那现代化的曙光已从大山里升起
你听啊，那山风演奏着未来文明的奏鸣曲

告别吧，我们将同那人畜不分家的历史告别
告别吧，我们将同那烟尘笼罩家的历史告别
告别吧，我们将同那睡潮湿草垫的历史告别
告别吧，我们将同那羊皮当被盖的历史告别
告别吧，古老的瓦板屋，再道一声告别

1985 年

（选自《诗刊》1985 年 10 月号。）

吉狄马加（1961—），彝族，四川凉山人。1982年8月毕业于西南民族学院中文系汉语言文学专业。1984年12月加入中国共产党。历任四川省作家协会副主席、党组成员兼秘书长，中国作家协会党组成员，青海省委常委、宣传部长，中国作家协会党组成员、书记处书记、副主席等职。出版有《初恋的歌》《一个彝人的梦想》《遗忘的词》《时间》等诗集。

1985年底，国民经济和社会发展第六个五年计划胜利完成。“六五”期间，主要工农业产品产量都有大幅度增长；国家财政收入由“五五”末期的连年下降转为逐年上升，实现了收支基本平衡；基本建设和技术改造取得重大进展；对外经济贸易和技术交流打开新局面。“六五”计划的完成使过去长期感到困扰的一些经济问题得到比较好的解决。粮食、棉花产量大幅度增长，为解决人民温饱问题提供了条件。

# 我和我的祖国

张　藜

我和我的祖国
一刻也不能分割
无论我走到哪里
都流出一首赞歌
我歌唱每一座高山
我歌唱每一条河
袅袅炊烟 小小村落
路上一道辙
我最亲爱的祖国
我永远紧依着你的心窝
你用你那母亲的脉搏
和我诉说

我的祖国和我

像海和浪花一朵
浪是那海的赤子
海是那浪的依托
每当大海在微笑
我就是笑的旋涡
我分担着海的忧愁
分享海的欢乐
我最亲爱的祖国
你是大海永不干涸
永远给我碧浪清波
心中的歌

1985 年

（选自《我和我的祖国——中华人民共和国成立七十周年歌曲精选》，上海音乐出版社 2019 年版。）

---

张藜（1932—2016），辽宁大连人，笔名桦成林、钟子玉。国家一级编导。出版有《歌诗之路》《草原上有个美丽的传说》等诗集。

# 第二次出征西藏

孔繁森

我不喜欢孤独的吟唱，
我不喜欢哀婉的忧郁，
我喜欢淋漓的欢乐，
我喜欢火热的生活，
我喜欢国土的广阔。
今天，接到命令：
奔赴西藏，第二次奔赴西藏，
我又陷入遥远的回忆——

想那片草原，
想那片蓝天、白云的高原，
想那片酥油茶飘香的高原，
想那片流淌草原牧歌的高原，
想那片剽悍雄性的高原，
想那片佩藏刀饮大碗青稞酒的高原，

想那片雄伟高大的天然屏障，
过去了，又走回来——

离开故乡，离开那片养我育我的平原，
我不敢再想白发老母倚门望我回家，
我怕太阳下山之后，
大野里传来母亲的呼唤，
唤我，唤我，归家；
我怕那门前的酸枣树开花又结籽，
红透了之后，攥在母亲的手掌之中，
等我，等我，等我回家——
谁都有儿女情长
羊羔跪乳，燕子衔食，
我知道男儿应该远行，
离家之前，我只想说——
祖国的每片土地都养人。

我知道出征的路程和分量，
我知道荣誉和牺牲、胜利和艰难，
绝不会单一降临到一个人的身上，
我要用妈妈的教诲、妻子的期待，
朋友的支持，来激励我勇敢顽强地

站在祖国的高原上——西藏。
为了祖国的每寸土地繁荣昌盛，
我愿做雪山上的一盏明灯，
把祖国的边疆西藏照亮。

1988 年

（选自《诗刊》1998 年 2 月号。）

---

孔繁森（1944—1994），山东聊城人，孔子第 74 代孙。1966 年加入中国共产党。1979 年，调往西藏工作。在西藏工作期间，他为发展少数民族经济文化教育事业、提高当地人民生活水平做出了巨大的贡献。1994 年 11 月 29 日，在去新疆塔城考察边贸途中，因车祸殉职，时年 50 岁。

西藏风光（图 / 汉华易美（天津）图像技术有限公司）

# 致深圳市花

## ——簕杜鹃

鲁　煤

过去，我不明白：为什么
你一年到头，不分昼夜
总是盛开着满丛、满枝的艳红花朵
像土地点燃起的熊熊圣火
不明白：你艳红的胭脂，圣火的燃料
总是源源不断，从哪里取来？

今天，住进西丽湖畔，我明白了：
这里环绕四方的常绿山林
一年到头，不分昼夜，都有杜鹃鸟
因在召唤早逝的情侣的亡魂归来
它声声痛哭，五内如焚，呕心沥血
鲜血和热泪滴进土地

滋养你的根茎，渲染你的花瓣
绵绵此恨啼不尽，艳艳你花永不谢

梅雨季来了，连天阴雨打不落你的繁花
只能促使你更加怒放、光焰耀眼
因为你是血泪燃起的不熄圣火
淅沥沥的雨幕遮不断啼声从山林传来
只是使它更加深沉、悠远、缥缈
我侧耳倾听，倍觉惊心动魄

我曾循着啼声，披荆登山
仰望青松枝头，寻觅杜鹃鸟
想向它表示感佩、慰问，进行心灵的对话
但是它，始终隐形不露
只把声声啼唤传来：忽远、忽近
忽东、忽西，令我捉摸不定

但是回过头来，我从你——
簕杜鹃花，看见了它：
艳丽、芬芳、庄重、热烈
因为你就是它心灵的外化

如今，深圳市，站在改革开放前沿的
现代化的小伙子，钟情于簕杜鹃
把它戴在自己笔挺西装的胸襟上
炫耀着青春、健美和爱的忠贞

1989 年

（选自《诗刊》1989 年 7 月号。）

---

鲁煤（1923—），原名王夫如，出生于河北保定。1944 年入重庆国立艺术专科学校学习，1948 年加入中国共产党。曾任中央戏剧出版社副总编辑、编审。著有诗集《扑火者》等。

深圳新貌（图 / 汉华易美（天津）图像技术有限公司）

# 壬申春日观北海九龙壁有作

王巨农

久蛰思高举，
同怀捧日心。
曾教鳞爪露，
终乏水云深。
天鼓挝南国，
春旗荡邓林。
者番堪破壁，
昂首上千寻。

1992 年

（选自《中华诗词学会三十年·诗词选》，
中国文史出版社 2017 年版。）

王巨农（1928—2007），笔名芋农等，湖南浏阳人。曾任长沙岳麓诗社理事、浏阳淮川诗社副社长、《淮川诗词》主编等。著有《煨芋集》。

在党和国家历史发展的紧要关头，1992 年 1 月 18 日至 2 月 21 日，88 岁高龄的邓小平先后到武昌、深圳、珠海、上海等地视察。他一路走，一路看，发表了一系列重要谈话。

“东方风来满眼春。”邓小平南方谈话阐发的一系列全新的思想，犹如一股强劲的东风，驱散了人们思想上的迷雾。它从理论上深刻回答了长期困扰和束缚人们思想的许多重大问题，是把改革开放和现代化建设推向新阶段的又一个解放思想、实事求是的宣言书，不仅对即将召开的党的十四大具有十分重要的指导作用，而且对中国整个社会主义现代化建设事业具有重大而深远的意义。

# 春天的故事

蒋开儒、叶旭全

一九七九年那是一个春天，
有一位老人在中国的南海边画了一个圈：
神话般地崛起座座城，
奇迹般聚起座座金山；
春雷啊唤醒了长城内外，
春晖啊暖透了大江两岸。

啊，中国，
你迈开了气壮山河的新步伐，
走进万象更新的春天！

一九九二年又是一个春天，
有一位老人在中国的南海边写下诗篇；
天地间荡起滚滚春潮，

征途上扬起浩浩风帆；
春风啊吹绿了东方神州，
春雨啊滋润了华夏故园。

啊，中国，
你展开了一幅百年的新画卷，
捧出万紫千红的春天！

1993 年

（选自《百年乐府——中国近现代歌词编年选（二）》，
上海音乐出版社 2018 年版。）

---

蒋开儒（1935—），广西桂林人。国家二级编剧。20 世纪 80 年代以来专攻歌词创作，代表作品有《喊一声北大荒》《春天的故事》《走进新时代》《中国梦》等。

叶旭全（1955—），广东东莞人。1980 年加入中国共产党，现任广东粤港投资控股有限公司驻深企业党委书记、金威啤酒集团行政总裁。他创作《春天的故事》《永远跟党走》等歌词，出版有《前进中国》歌词集和《爱在春天——叶旭全音乐作品专辑》。

# 香港回归祖国喜赋

袁行霈

文姬归汉日，
五岳尽欢腾。
风扫残云去，
潮推旭日升。
雄图乘骕骦，
大略展鲲鹏。
众水奔东海，
中华喜振兴。

1997 年

（选自《古韵新风：袁行霈作品集》，线装书局 2009 年版。）

袁行霈(1936—),字春澍,江苏武进人。中央文史研究馆馆长,北京大学中文系教授、人文学部主任。1957 年毕业于北京大学中文系,开始从事古典文学教学与研究工作。著有《陶渊明集笺注》《中国诗歌艺术研究》《愈庐集》等。

1997 年 6 月 30 日午夜,香港会议展览中心灯火通明,举世瞩目的中英两国政府香港交接仪式在这里举行。6 月 30 日 23 时 59 分,英国国旗和香港旗缓缓降下,象征着英国对香港一个半世纪的殖民统治宣告结束。7 月 1 日零时,乐队奏响中华人民共和国国歌,中华人民共和国国旗和中华人民共和国香港特别行政区区旗冉冉升起。中华人民共和国主席江泽民庄严宣告:中国政府对香港恢复行使主权。历经百年沧桑的香港胜利回到祖国的怀抱,洗刷了中华民族百年耻辱,完成了实现祖国完全统一的重要一步。这是彪炳中华民族史册的千秋功业。香港同胞从此成为祖国这块土地上的真正主人,香港从此走上同祖国共同发展、永不分离的宽广道路。

# 走进新时代

蒋开儒

总想对你表白，
我的心情是多么豪迈；
总想对你倾诉，
我对生活是多么热爱。
勤劳勇敢的中国人，
意气风发走进新时代。
啊，我们意气风发走进那新时代！

让我告诉世界，
中国命运自己主宰；
让我告诉未来，
中国进行着接力赛。
承前启后的领路人，
带领我们走进新时代。

啊，带领我们走进走进那新时代！

我们唱着东方红，
当家作主站起来；
我们讲着春天的故事，
改革开放富起来。
继往开来的领路人，
带领我们走进那新时代，
高举旗帜开创未来开创未来！

1997 年

（选自《百年乐府——中国近现代歌词编年选（三）》，
上海音乐出版社 2018 年版。）

# 沁园春 长江抗洪抢险纪实

张文勋

万里长江，
恶浪排空，
风雨飘摇。
望洞庭汗漫，
君山失色；
鄱阳水溢，
拍岸惊涛。
京九濒危，
荆江告急，
一片汪洋没树梢。
决堤处，
恨洪魔肆虐，
吞噬禾苗。

红旗夹岸飘飘，
有百万雄师遏大潮。
看飞舟来去，
扶老携幼；
披波搏浪，
傲视滔滔。
血肉身躯，
拦洪堵漏，
誓与洪峰竞比高。
抒浩气，
靠人民十亿，
决胜今朝。

1998 年

（选自《风樵诗词续集》，云南人民出版社 2009 年版。）

张文勋（1926—），云南大理洱源人。现为云南大学文学院荣誉教授、云南文史研究馆名誉馆长、中国古代文学理论学会名誉会长、中华诗词研究院顾问。著有《张文勋文集》《刘勰的文学史论》等。

1998年夏，我国遭遇一场历史罕见的特大洪涝灾害。长江、嫩江、松花江发生超历史记录的特大洪水，珠江流域的西江和福建闽江也一度发生大洪水，受灾人口达2.3亿。危急时刻，党中央高度关注灾区群众的生命安全和切身利益，果断决策、周密部署。党和国家领导人亲临抗洪一线指挥；30余万人民解放军和武警部队官兵参加抗洪斗争，用血肉之躯筑起了冲不垮的坚强大堤；灾区人民舍小家保大家、舍小局顾大局，全国人民大力支持第一线军民，夺取了抗洪抢险斗争的全面胜利。在同洪水的搏斗中，党和人民铸就了万众一心、众志成城，不怕困难、顽强拼搏，坚韧不拔、敢于胜利的伟大抗洪精神。

# 沁园春 喜迎澳门回归

赵仁珪

秀丽澳门，
南海明珠，
熠熠濠湾。
望松山灯塔，
高标崖畔；
莲峰古刹，
静卧山巅。
地杰人灵，
物华天宝，
何故蒙尘四百年。
逢新世，
庆一朝洗雪，
合浦珠还。

还来自由容颜。
集中外文明一世间。
有圣母堂前，
钟声穆穆；
妈阁庙里，
袅袅香烟。
漫步街头，
重楼叠宇，
恰似投身万国园。
从今后，
为九州一轨，
再创明天。

1999 年

（选自《缀英集：中央文史研究馆馆员诗选》，
线装书局 2008 年版。）

---

赵仁珪（1942—），北京市人。中央文史研究馆馆员，北京师范大学文学院教授、博士生导师。出版有《宋诗纵横》《论宋六家词》等学术著作和《土水斋诗文选》等诗文集。

1999 年 12 月 19 日午夜至 20 日凌晨，中葡两国政府举行澳门交接仪式。中华人民共和国主席江泽民庄严宣告：中国政府对澳门恢复行使主权。

# 天　路

屈　塬

清晨我站在青青的牧场
看到神鹰披着那霞光
像一片祥云飞过蓝天
为藏家儿女带来吉祥

黄昏我站在高高的山岗
盼望铁路修到我家乡
一条条巨龙翻山越岭
为雪域高原送来安康

那是一条神奇的天路
把人间的温暖送到边疆
从此山不再高路不再漫长
各族儿女欢聚一堂

黄昏我站在高高的山岗
看那铁路修到我家乡
一条条巨龙翻山越岭
为雪域高原送来安康

那是一条神奇的天路
带我们走进人间天堂
青稞酒 酥油茶会更加香甜
幸福的歌声传遍四方

2001 年

（选自韩红 2005 年《感动》专辑。）

---

屈塬（1959—），陕西乾县人。国家一级编剧。1991 年毕业于解放军艺术学院。2001 年，调任解放军第二炮兵政治部文工团团长。从事歌词创作十数年，作品近百首，代表作有《传说》《天路》《西部放歌》等。

2006 年 7 月 1 日，全长 1956 公里的青藏铁路全线通车，结束了西藏不通铁路的历史，有力推动了雪域高原的跨越式发展和各族人民生活的改善，成为西藏经济社会发展的“输氧线”。西部大开发战略的深入实施，使西部经济社会发展不断呈现新的局面。

# 贺新郎 在台北故宫怀文物南迁

郑欣淼

往事堪回顾。
叹陆沉、国之瑰宝，
烽烟南渡。
万里间关箱过万，
黔洞川途秦树。
说不尽、几多风雨。
辗转西行欣无恙，
故宫人、辛苦凭谁诉？
十七载，
众英谱。

从来中土遗存富。
更明清、琳琅内府，
萃珍瑶圃。
蓦地离分无限憾，

默默思牵情愫。
永保用、文明步武。
热血殷殷浓于水，
系于心、浅海焉能阻？
统一业，
本根固。

2003 年

（选自《郑欣淼诗词稿（庚子增订本）》，中国书籍出版社 2020 年版。）

---

郑欣淼（1947—），陕西澄城人。曾任文化部副部长、故宫博物院院长、中华诗词学会会长等职。从 20 世纪 60 年代中期以来从事诗词写作，先后出版《雪泥集》《陟高集》《郑欣淼诗词稿》《诗心纪程》等。

# 太空畅想曲

张　庞

那是一道扶摇直上的惊世航迹
那是一簇飞速拉起的冲天花环
望似嫦娥奔月舒广袖
且看呼啸云天舞彩练
啊　插着民族的翅膀
映着大地的笑脸
千年梦想编织了中国航天“情结”
一代天骄扬起了“神舟”载人风帆

遥望太空骄子箭步洞开天窗
曾收获蘑菇云的中国人
今朝弹着地球尘埃
驻足那片阳光公园
五星红旗　落户天宇

咀嚼遥远　食味甘甜
沉稳中带着几分调侃
读出这奥秘天书几多新鲜

哦 在这神奇而又冷寂的遥感世界
在这没有生命　没有空气
没有声音的“世外桃源”
漂游着大大小小的星际航船
以轨道代替河床　以叶板代替桨帆
巡视茫茫天河　月光星团

人类引颈长空　奢望天际
穿越太阳系时空隧道
一览众星　一望无边
银河系外　本星系群
星系团　本超星系团
广袤无垠　混混沌沌　一片浩瀚
正如地球上
山外有山　山川相连一样
开放的宇宙
天体无限膨胀　天外重天

这里重量不重　轻若蚕茧
失重状态俨然一副天平杠杆
这里仰卧起居有太空人的习惯
适者生存　智者牧天　优哉飘然
这里强辐射超低温的酷冷气候
封冻着丰厚的天然资源
供人类走出枯竭　雪中取炭
这里微重力超真空的生长环境
催化着奇迹般的良种孕育
让铁树绽放　昙花久现

这里航天飞机　宇宙飞船
一艘艘金梭银梭承载着
人类的生命摇篮
这里宇宙移民岛　太空生物圈
恭候人间来客造访
拥挤的地球人
乐此不疲　获得舒展
这里宇宙速度骤然冲击 WTO 摊位
公平与效率　克隆白领蓝领集团
这里无声操作　天外刷卡

不敢恭维妄自尊大的美元　欧元
伟大与渺小
先进与落后
坚挺与脆弱
一切循着新的秩序刷新和改变
哦　这就是太空人的情愫
这就是太空站的质检
仅持一张旧船票
难以登乘太空船

云雀在霞光中衔来芬芳的桂叶
喜迎勇敢的太阳鸟自远方归来
人们讲述着古老悲壮的神话故事
尽情欢呼　翩翩起舞　高歌凯旋
地球村落那篱笆墙内的守望者们
打开眼界　远瞩高瞻
啊　飞船　好气派的中国飞船
还有年轻的中国航天员
张开我们翱翔的臂膀吧
拥抱太阳　拥抱灿烂
一个真正飞天的时代正款款走来
看　共和国旗帜舞动下的英雄儿女

正和着世界圆舞曲
收获金秋　播种春天

2004 年

（选自《诗刊》2004 年 1 月号上半月刊。）

---

张庞（1943—），出生于河北隆尧。1960 年入伍，曾任北京军区政治部副主任，少将。2002 年加入中国作家协会，著有诗集《东方情结》《驻足阳光》《张庞短诗选》《张庞自选集——陌生化制作》以及长诗《东方神话》（合作）等。

# 贺新郎

## 观电视播映抗震救灾英模事迹报告有感

郑欣淼

万户争相睹。
展光华、为人舍己，
死生艰阻。
壮举何分老与少，
更见军民心许。
共患难、感知肺腑。
箪食壶浆求呴沫，
看凡间、有爱斯多祜。
天地裂、鬼神楚。

英模再创无双谱。
大中华、罡风正气蕙兰芳杜。
辉煌灵明非小事，

尤贵良知顿悟。
直铸就、昆仑一柱。
莫叹红尘纷扰甚，
自能期、浇俗必将抒。
鸿鹄志、思骞翥。

2008 年

（选自《中华诗词》2008 年第 8 期）

---

2008年5月12日，四川汶川发生里氏8.0级特大地震，造成8.7万人遇难，受灾群众达 4625 万多人，直接经济损失 8451 亿多元。在党中央领导下，我国迅速组织起历史上救援速度最快、动员范围最广、投入力量最多的抗震救灾活动。党中央坚持以人为本、尊重科学，果断决策、沉着应对，全国人民患难与共、同心协力，人民子弟兵舍生忘死、冲锋在前，一方有难、八方支援、集中力量办大事的制度优势得到充分发挥。在这场波澜壮阔的抗震救灾过程中，无数人在生死瞬间把生的希望留给他人，父母用臂膀为孩子撑起生命的空间，老师用身躯为学生挡住死神的威胁，党员干部在关键时刻、危难关头豁得出来、冲得上去，在地震废墟上谱写了一曲曲感天动地的英雄壮歌，充分展现了万众一心、众志成城，不畏艰险、百折不挠，以人为本、尊重科学的伟大抗震救灾精神。

汶川新貌 薛玉斌 摄（图 / 新华社）

# 我和你

常石磊、马文、陈其钢

我和你 心连心，
同住地球村。
为梦想 千里行，
相会在北京。
来吧，朋友，
伸出你的手。
我和你 心连心，
永远一家人。

You and me from one world,
We are family.
Travel dream a thousand miles,
Meeting in Beijing.
Come together,

Put your hand in mine.

You and me from one world,

We are family.

2008 年

（选自《赞歌献给党》，人民音乐出版社 2012 年版。）

---

常石磊（1981—），祖籍黑龙江哈尔滨，出生于广东广州。毕业于上海音乐学院音乐工程系。2008 年，与马文、陈其钢合作为北京奥运会创作歌曲《我和你》。2009 年推出红色经典翻唱专辑《Niu China》。后又出版有个人专辑《自己》等。

马文，具体信息不详。

陈其钢（1951—），出生于上海。毕业于中央音乐学院作曲系，1984 年赴法国留学。2008 年受聘为北京奥运会音乐总监，与常石磊、马文合作创作《我和你》。有音乐专辑《蝶恋花》《山楂树之恋》《金陵十三钗》《归来》等。

“十一五”期间，我国还办好了许多大事。2008 年 8 月 8 日至 24 日，第二十九届夏季奥运会在北京举行，随后举行第十三届残疾人奥运会。中国体育代表团在奥运会上居于金牌榜首位，在残奥会上居于金牌榜和奖牌榜首位，取得了运动成绩和精神文明双丰收。中国人民成功举办了一届有特色、高水平奥运会，实现了中华民族的百年期盼，兑现了对国际社会的郑重承诺，进一步增进了同世界各国人民的相互了解和友谊。

2008 年奥运会开幕式 陈凯 摄（图 / 新华社）

# 第四篇　还看今朝

# 贺党的十八大胜利召开

胡　冰

正是金秋盛会临，
中华史页喜翻新。
蓝图再绘云鹏展，
接力登程骏马奔。
自古腐贪成病疾，
从来成败在人心。
征途迢递多险阻，
赖有红旗引路人。

2012 年

（选自《中华诗词》2012 年第 11 期）

胡冰（1953—2019），安徽芜湖人。曾任安徽省交通运输厅巡视员，党组成员。作品散见于《中华诗词》《诗刊》等。

2012年11月，党的十八大实现了中央领导集体的新老交替。新当选的中央委员会总书记习近平在十八届一中全会上指出，历史的接力棒传到了我们手里，我们一定不负重托，忠于党、忠于祖国、忠于人民，以自己的最大智慧、力量、心血，作出无愧于历史、无愧于时代、无愧于人民的业绩。从此，围绕实现社会主义现代化和中华民族伟大复兴的总任务，一系列理论创新和实践创新相继展开，中国特色社会主义新时代的大幕徐徐拉开。

# 旗帜颂

## ——为我党十八大而作

顾　浩

十番春回，
三千六百日新，
一百二十月异。
齐赴重任，
心海镰斧同辉，
神州城乡比翼。
勇克时艰，
五十六族和衷，
十三亿众共济。
泱泱华夏，
盛世伟业惊天，
旷世奇迹动地！
傲然回首，

万里风雨征程，
一路中华印记。
人间屹立，
祖国千山扬眉，
圣域万水吐气。
珠巅四顾，
寰球风紧云涌，
满腔潮急浪起。
高举旗帜，
再展富民宏图，
更施强国大计！

2012 年

（选自《世纪风采》2012 年第 11 期。）

---

顾浩（1940—），原名顾惠明、顾金锁，江苏通州人。中国作家协会会员，江苏省文学艺术界联合会名誉主席。曾任南京市委书记，江苏省委副书记，江苏省政协副主席，江苏省文联主席等职。著有《金陵春草》《江海涛声》《盛世风情》《神州凯歌》等。

# 望海潮 长缨在手

范诗银

目抚辽宁舰，长缨在手豪气干云，百年耻辱当始此而求雪。

沧旋重碧，
风回崩雪，
流光摇乱空瀛。
云拍月舷，
辉分玉翼，
襟边掸落鸥鸣。
放眼问苍冥。
自汀州路上，
岷雁秋声。
算百年来，
神州几度寄长缨。

晨星顾盼华庭。
向青荧亮宇，
镜水蓝泓。
飞燕箭穿，
吹虹笛远，
起锚恰是新晴。
南海又东溟。
缚刨花苍狗，
弄景苍鲸。
谱得弦歌高奏，
喷泪洗心旌。

2012 年

（选自《诗银词》，国防大学出版社 2016 年版。）

范诗银（1953—），笔名石音、巳一，黑龙江齐齐哈尔人。空军大校军衔。曾任空军航空兵某师副政治委员，国防大学中华军旅诗词研究创作院执行副院长、执行总编辑。现为中华诗词学会常务副会长，《中华诗词》杂志社社长，国家语言文字工作委员会委员。出版诗词集《天浅梦深》《响石二集》《响石斋诗词》《虹影集注评》《诗银词》《石音集》等。

当今世界正经历百年未有之大变局，国际战略格局深刻演变，国际军事竞争日趋激烈，中国正处在由大向强发展的关键阶段。强国必须强军，军强才能国安。2012 年 11 月，党的十八届一中全会决定习近平为中央军事委员会主席。上任伊始，习近平从实现中华民族伟大复兴的中国梦的战略高度，敏锐把握世界新军事革命发展动向，统筹谋划新时代国防和军队现代化建设的一系列重大问题。12 月，在会见驻广州部队师以上领导干部时，习近平首次提出“强军梦”，指出，强国梦，对于军队来讲，也是强军梦。我们要实现中华民族伟大复兴，一定要坚持富国和强军相统一，建设巩固国防和强大军队。

# 中国：伟大梦想的高度

晓　川

当大地刚从薄薄的晨曦中苏醒中命主
当积雪开始融化
当活泼的、清澈的江水缓缓东逝
一座广玉兰盛开的城市依旧在春天的摇篮里
　　栖息

而我仍然流连在二月的轻寒中
静静地聆听春天温暖的呼吸
仿佛夜归的候鸟　轻拍着翅膀
不敢惊破一座城市的长长幽寂

倘使我是一个能写绚烂文字的人
我希望我能写下一个城市的早晨
写下露水所能听见的春天的微笑

写下春天的山岗上叮咚的泉声

风掠过湿润的香樟树，在草地上滑行
江水如白鸽般蜿蜒
我噙着泪水看着这一切的流逝
一阵灼热的狂飙扫过全身

我首先想起的是人民
让我们从石器时代走出来的是人民
帮助我们建立起国度和家园的是人民
用镰刀割断旧乾坤用铁锤砸开新世界的还是
　　人民

当人民背着小米，扛着步枪
徒步走过崎岖的山峦、大盆地与大平原
当人民在历史的长河里
手拉着手，肩并着肩，如此靠近

我看见历史那灾难深重的脸上
飘起了五星红旗一样的欢乐
人民汗流背地匍匐在历史那幽深的河谷

我嗅到了历史与江水融为一体的汗味

人民就像主航道上 325 米的高塔
像钻石型的混凝土，像高强度钢与斜拉索
支撑起世界大同的人类梦想
支撑起一个自强不息的伟大民族

每一场历史的大戏都由人民领衔
我听见他们的血管里咆哮着震慑人心的声音
生活总是本能地将英雄这一崇高的荣誉
赋予那些开创了伟大事业的人们

我崇敬人世间生活过的那些最现实的人
但绝不是那种眼睛只盯着自己食槽的人
我景仰那些与我一样生活着的普通公民
只不过思想在他们眼窝的附近掘下了比我更
　　深的皱纹

生活中每个人都有期望的高度
是给予，是索取，还是卑微的虚荣
是百折不挠的牺牲与奋斗

抑或是安逸的骄矜与一微米的升高

在这个火红的年代
我被历史的风吹得如痴如醉
阳光和汗水谱成的歌谣融进初春的每一个细胞
一幅幅劳动者的油画给大地带来盎然生机

在历史落叶纷纷的尽头
生命仍然在地下生长成强壮的根块
我仿佛看见那些抡起镰刀与铁锤的手
翻开了教科书中的某一页

此刻，那些在太阳底下挥汗如雨的人们
正是在伟大斗争中成长起来的伟大人类
而我只是一个伟大工程中的一颗螺丝钉一块石头
在巨大的沉基上仰望共和国大厦的无限高度

这是一面砥砺前行的旗帜的高度
这是一个新时代与伟大梦想的高度

引领着我用生命中最柔软的呼吸
写下一个民族负载千年的痕迹

2018 年

（选自《西部》2018 年 5 期）

---

晓川（1965—），本名李建中，江苏海安人。海安市作家协会副主席，江苏省作家协会会员，作品散见于《诗刊》《诗歌月刊》《星星诗刊》《诗林》《诗潮》《绿风诗刊》《诗选刊》等。

在新的历史条件下续写坚持和发展中国特色社会主义这篇大文章，需要凝心聚力，需要精神支撑，需要目标引领。2012 年 11 月 29 日，习近平在参观《复兴之路》展览时首次提出并阐述实现中华民族伟大复兴的中国梦，指出："实现中华民族伟大复兴，就是中华民族近代以来最伟大的梦想。这个梦想，凝聚了几代中国人的夙愿，体现了中华民族和中国人民的整体利益，是每一个中华儿女的共同期盼。"中国梦的提出，贯通了中华民族的昨天、今天和明天，传递出新一届中央领导集体勇担民族复兴使命的坚定决心和信心。

中国梦把国家的追求、民族的向往、人民的期盼融为一体，体现了中华民族和中国人民的整体利益，表达了每一个中华儿女的共同愿景，成为激荡在中国人民心中的高昂旋律，成为中华民族团结奋斗的最大公约数和最大同心圆，成为激励中华儿女团结奋进、开辟未来的一面精神旗帜。

# 水调歌头 南水北调入京

刘　征

共饮一江水，
南北路三千。
浩浩穿山越野，
入我玉壶寒。
挟得巫山云雨，
掬取潇湘雪浪，
花月露涓涓。
窗外风回雪，
香沁绿茶烟。

导洪水，
迈先古，
看今天。
发愤人人皆禹，

指掌引飞澜。
自觉衰年再少，
白发丝丝变黑，
喜极欲狂颠。
飞梦挽银汉，
直下彩云端。

2014 年

（选自《奔腾草》，中国出版集团东方出版中心 2017 年版。）

---

刘征（1926—），北京市人。语文教育家、诗人、杂文家，兼擅书法。人民教育出版社原副总编辑。现任中华诗词学会名誉会长，《中华诗词》名誉主编，《中华辞赋》顾问，中华诗词研究院顾问。已出版 30 多种专集，大多收在八卷本《刘征文集》里。

南水北调中线一期工程　李博　摄（图／新华社）

# 金缕曲 中华韵

蔡世平

一曲中华韵。
便眼前，
东风万里，
人间春动。
莫道江南花市早，
汉子挑香卖杏。
北极村，
又传红讯。
仄是山峰平是水，
仄平平，
大地千秋咏。
莺与蝶，
欢声诵。

《诗经》如露河山润。
《满庭芳》，
护肝养血，
常吟《橘颂》。
汉韵唐风梳洗遍，
消却六朝金粉。
铸民魂，
神雄骨峻。
君看海洋蓝色里，
最宜观，
黄土黄河影。
天地眼，
乾坤镜。

2014 年

（选自《南园词稿》，中国书籍出版社 2019 年版。）

---

蔡世平（1955—），湖南岳阳人。中华诗词研究院原副院长。国家一级作家，中国作协会员。著有词集《南园词》《南园词二百首》《南园词稿》、楹联集《南园楹联》、散文集《大漠兵谣》、诗论集《中华诗词现代化散论》。

# 扬州慢 圆明园春色

王玉明

浩荡清风，
雾霾扫却，
天蓝水碧山青。
看鹅扬曲颈，
听莺燕争鸣。
借细雨和昫生气，
翠飞柳发，
红溢桃英。
遍人间、春色归来，
尤恋京城。

名园非故，
念当年、雨果深情。
纵宫阙嵯峨，

雕栏玉砌，
一炬堪惊。
断柱颓垣犹在，
春花伴、有泪莹莹。
待明朝圆梦神州，
谁再欺凌？

2015 年

（选自《心如秋水水如天——韫辉诗词百首》，
高等教育出版社 2018 年版。）

---

王玉明（1941—），字韫辉，吉林人。清华大学毕业。中国工程院院士，机械设计及理论专家。现任清华大学机械工程系教授，汽车安全与节能国家重点实验室学术委员会主任；中华诗词学会顾问，中华诗词学会高校诗词工作委员会主任，中国工程院院士书画社理事，清华大学荷塘诗社社长。已出版《王玉明诗词选》等 4 本诗集和 2 本影集。

# 浪淘沙 贺党的九十五华诞

李文朝

读史鉴衰兴，
难忘峥嵘。
旗开万里步云程。
九五青春燃岁月，
堪慰英灵。

接力马嘶鸣，
捷报声声。
图强圆梦建功成。
棒扫妖霾澄玉宇，
泽被苍生。

2016 年

（选自《诗词飞扬作品精选》，中国书籍出版社 2016 年版。）

李文朝（1948—），山东梁山人。中国作家协会诗歌委员会副主任，中华诗词学会第三、四届常务副会长，中华诗词研究院顾问。中国人民解放军原电视宣传中心主任，少将军衔，高级记者，硕士研究生导师。著有诗词集《古枝新蕾》《戎雅春秋》《李文朝将军诗词选集》，诗文集《新闻行知录》等。

# 清气词（三首）

高　昌

习近平同志在十九大闭幕后同中外记者见面时，引用王冕诗句“不要人夸颜色好，只留清气满乾坤”。

一

秋波蓝似梦，
霜叶美如歌。
料得梅花近，
人间清气多。

二

雁字横空渡，
丹霞梦一函。
欲骑风作翼，
高挂海天帆。

三

自有春风愿，
何须天下知。
清香在幽谷，
岁岁发新枝。

2017 年

（选自《中华诗词》2017 年第 12 期）

---

2017 年 10 月 18 日至 24 日，中国共产党第十九次全国代表大会在北京举行。大会正式代表 2280 人，特邀代表 74 人，代表全国 8900 多万党员。

习近平代表十八届中央委员会向大会作题为《决胜全面建成小康社会，夺取新时代中国特色社会主义伟大胜利》的报告。大会的主题是：不忘初心，牢记使命，高举中国特色社会主义伟大旗帜，决胜全面建成小康社会，夺取新时代中国特色社会主义伟大胜利，为实现中华民族伟大复兴的中国梦不懈奋斗。

# 荧屏聆听十九大报告

沈华维

宏音回荡久，
霖雨洗乾坤。
等待千年遇，
披坚一路尘。
得贤开福祉，
接地聚洪钧。
犹有初心在，
图强鼎业新。

2017 年

（选自《中华诗词》2017 年第 12 期）

---

沈华维（1954—），宁夏永宁人。大校警衔。现为中华诗词学会副会长，从事诗词创作、诗词理论研究和诗教工作。著有《自然醒来》《问心斋诗词集》《沈华维诗文选》等。

# 朱日和：钢铁集结

刘笑伟

这是战斗的集群在集结，
在辽阔的、深褐的大漠戈壁疾驰，
翻腾起隆隆的雷声。
犹如夏日的篝火，用暴雨般的锤击，
为祖国送去力量和赞美。

这是战斗的集群在集结。
金属浸透迷彩，峥嵘写满军旗。
中国革命的果实，在我们思想的丛林
扎下深深的根：长征，依旧每夜
在灯光下进行，延安窑洞的烛火
响彻我们灵魂的四壁。

我们是中国军人，

是绿色的海洋，是枪炮所构造的
金属的鸽子，是夏日乐章中
最热烈的一节；是峭壁上的花朵和黄金，
是转折关头升腾的烈焰，
是凤凰涅槃般的浴火重生。
我们守卫着黄河的古老，
守卫辽阔的海洋和天空，
以及敦煌壁画的色彩。
我们热爱的云朵，垂下雨滴
守卫祖国大地上每一粒细微的种子。

这是战斗的集群在集结。
电磁的闪电蓄满山冈，
巨舰驶向深蓝。
我们是深山密林内，大漠洞库里，
直指苍穹的利剑，
是冲击蓝天的极限飞行。
是惊涛骇浪里，潜在最深处的
无言的威慑。我们是神舟，是北斗
是天河，是天宫，是嫦娥，是蛟龙，
是写在每个中国人脸上自豪的微笑。

这是战斗的集群在集结。
我们是强军征程上，品味硝烟芬芳的
年轻的脸孔；是迈向世界一流的
热切的渴望；是热血开在身体外的
漫山遍野的红杜鹃。

只要有古老的大地，只要有复兴的梦想，
只要有美丽的人流和耸立的大厦，
我们就会永远用警惕的姿势抗击阴影，
只要有祖国的概念，只要和平与爱情，
我们军人的意义就会永远
在大地上流传，绵绵不绝。

2017 年

（选自《诗刊》2017 年 10 月号上半月刊。）

刘笑伟（1971—），出生于河北石家庄。毕业于南京政治学院，曾作为第一批中国人民解放军驻港部队一员进驻香港。出版《世纪重任》《强军，强军》等著作。

2017 年 10 月，党的十九大明确，党在新时代的强军目标是建设一支听党指挥、能打胜仗、作风优良的人民军队并作出新的战略安排，强调确保到 2020 年基本实现机械化，信息化建设取得重大进展，战略能力有大的提升，力争到 2035 年基本实现国防和军队现代化，到本世纪中叶把人民军队全面建成世界一流军队。

朱日和阅兵 姚大伟 摄（图 / 新华网）

# 不忘初心

朱　海

万水千山不忘来时路
鲜血浇灌出花开的国度
生死相依只为了那一句承诺
报答你是我唯一的倾诉
树高千尺根深在沃土
你是大地给我万般呵护
生生不息只为了那一份托付
无惧风雨迎来新日出
你是我的一切我的全部
向往你的向往 幸福你的幸福

不忘初心继续前进
万水千山最美中国道路
你是我的一切我的全部

向往你的向往
幸福你的幸福
不忘初心继续前进
万水千山最美中国道路

树高千尺根深在沃土
你是大地给我万般呵护
生生不息只为了那一份托付
无惧风雨迎来新日出
你是我的一切我的全部
向往你的向往 幸福你的幸福

不忘初心 继续前进
万水千山最美中国道路
你是我的一切我的全部
向往你的向往 幸福你的幸福
不忘初心 继续前进
万水千山最美中国道路

2017 年

（选自韩磊 2017 年《不忘初心》专辑。）

朱海，电视文艺策划人、撰稿人，诗人，词作家。连续多年担任中央电视台春节联欢晚会等大型春晚主创工作。创作的歌词有《不忘初心》以及《年轮》《京华烟云》等的主题歌词，创作的新诗作品有《温暖2008》《盛世中国》《和平颂》《相信》等。

党的十九大闭幕仅一周，习近平带领中央政治局常委，瞻仰上海中共一大会址和浙江嘉兴南湖红船，回顾建党历史，重温入党誓词，宣示新一届党中央领导集体的坚定政治信念。习近平指出，只有不忘初心、牢记使命、永远奋斗，才能让中国共产党永远年轻。2019年5月底开始的“不忘初心、牢记使命”主题教育自上而下分两批在全党开展。这是新时代深化党的自我革命、推动全面从严治党向纵深发展的生动实践。为了巩固主题教育成果，党的十九届四中全会提出“建立不忘初心、牢记使命的制度”，推动教育常态化长效化。2020年9月，中共中央办公厅印发《关于巩固深化“不忘初心、牢记使命”主题教育成果的意见》，推动主题教育各项成果落地见效。

# 永遇乐 神游金台

周兴俊

一路鲜花，
两厢碧树，
数十商厦。
寻访多年，
金台胜迹，
依旧心头挂。
子昂走了，
纳兰去了，
唐宋明清叹罢。
看今朝，
嫣红姹紫，
京城依旧华夏！

建国伊始，

残垣断壁，
远景如何描画？
从毛到习，
七十寒暑，
接力安天下。
卫星放了，
神舟回了，
月背首先登罢。
凭谁问、龙腾四海，
友邦惊诧？

2018 年

（选自《新新相印集：易行创新诗论诗作自选集》，
人民出版社 2019 年版。）

---

周兴俊（1945—），笔名易行，北京人。曾任线装书局总经理兼总编辑、中华诗词研究院副院长、中华诗词学会副会长等职。著有《中国诗学举要》《远望集》《探寻集》等。

# 水龙吟

## 《诗咏新中国——〈诗刊〉历年作品选》出版座谈会感赋

赵安民

大旗展涌红潮，
新中国奏英雄曲。
江南塞北，
昆仑泰岱，
润之时雨。
领袖诗人，
领衔歌唱，
九州擂鼓。
看鼎新革故，
战天斗地，
人民写，
山河赋。

七十周年欢庆，
卷重开，
重温佳句。
新诗旧体，
大张鹏翼，
翱翔天宇。
汉字长城，
卿云华旦，
灿昌今古。
喜诗人兴会，
新书评品，
再征新旅。

2019 年

（选自《诗刊》2020 年 1 月号上半月刊。）

---

赵安民（1965—），名师之，字安民。籍贯江西，生于湖南。现任中国书籍出版社副总编辑，编审。中华诗词学会常务理事，中国毛泽东诗词研究会常务理事，北京诗词学会副会长，上海大学诗词创作研究院特邀研究员，《中华辞赋》编委。出版诗词集《新疆诗稿：丝路新貌与西域故事》《师之集》等。

# 第一书记

田　湘

在祖国辽阔的版图上
总会有这样的灯火指引
总会有强劲的号角
热血与炭火相融为一种新的能源

听从一枚党徽的召唤
你告别繁华都市，奔赴僻远山村
你要去研读一本从未读过的书
去翻开花开的中国最温情的一页
去完成一道时代最伟大的命题
——精准扶贫

你坚信，贫困不是不可跨越的鸿沟
在城市与乡村之间

会有一道彩虹，为梦想插上翅膀
追梦，筑梦，圆梦
你不再欣赏林立的高楼与绚烂的夜景
只仰望星空和俯瞰贫瘠的土地

你打开那页山水，开始阅读
你读迷茫而忧伤的眼神
读粗糙双手背后的辛劳与渴盼
你运用最原始的统计学，摸清每一农户的家底
你攻克经济学的盲点，探寻精准扶贫的密码
你以一枚党徽引领山川、河流与庄稼
引领传统、风俗与民情

多少个夜晚，你与月亮一同失眠
多少个节日，你放弃与家人欢聚
又有多少次，你病倒在寒冷而简陋的屋里
摔倒在崎岖而蜿蜒的山路上
青春，因你的付出和伤痛而更美丽
事业，因你的坚守与执著而更精彩
终于，你在城乡之间架起了一道绚丽彩虹
把城市与乡村完美地融为一体

这是你一生最豪迈的诗句
前进的洪流汇聚辽阔的初心
而你和你的信仰，就伫立在彩虹里，也化作了彩虹

2019 年

（选自《诗刊》2019 年 5 月号上半月刊。）

田湘（1962—），出生于广西河池，现居南宁。著有诗集《城边》《虚掩的门》《放不下》《遇见》《田湘诗选》等。

2017年10月，党的十九大向全党全国人民发出坚决打赢脱贫攻坚战的动员令。2018年6月，中共中央、国务院制定《关于打赢脱贫攻坚战三年行动的指导意见》。2019年3月，习近平在全国两会上号召全国“尽锐出战、迎难而上，真抓实干、精准施策”，吹响打赢脱贫攻坚战的号角。

习近平高度重视消除贫困问题，足迹遍布全国14个集中连片特困地区，先后在陕西、贵州、宁夏、山西、四川等地主持召开7次脱贫攻坚座谈会。2020年3月，在抗击新冠肺炎疫情的关键时刻，习近平出席决战决胜脱贫攻坚座谈会并发表重要讲话，有力动员全党全国全社会力量，确保取得脱贫攻坚战最后胜利。建立中央统筹、省负总责、市县乡抓落实的工作机制，强化党政一把手负总责的责任制，五级书记抓扶贫，脱贫攻坚期内保持贫困县党政正职稳定，全国累计选派300多万县级以上机关、国有企事业单位干部参加驻村帮扶，形成“专项扶贫、行业扶贫、社会扶贫”的“三位一体”大扶贫格局。在党中央的坚强领导下，全社会积极参与，广大党员发挥先锋模范作用，精准扶贫、精准脱贫，扶真贫、真扶贫、真脱贫。注重扶贫同扶志、扶智相结合，深入实施东西部扶贫协作，重点攻克深度贫困地区脱贫任务。2020年，这场举全党全国之力的脱贫攻坚战取得决定性胜利。11月23日，是一个载入史册的不平凡的日子，我国最后9个贫困县实现贫困退出。经过8年的持续奋斗，全国832个县全部脱贫，12.8万个贫困村全部出列，近1亿贫困人口实现脱贫，消除了绝对贫困和区域性整体贫困。2021年2月25日，全国脱贫攻坚总结表彰大会举行，习近平在会上庄严宣告：我国脱贫攻坚战取得了全面胜利。这是中国人民的伟大光荣，是中国共产党的伟大光荣，是中华民族的伟大光荣！

浙江省安吉县余村新貌　徐昱 摄（图 / 新华社）

# 凤箫吟 闻故里脱贫有寄（并序）

王改正

我有乡愁，脱贫可贺；时代翻新，政道谐和。千年未有之巨变，万里贞祥之家国。回首征程，初心是苍民福祉；弘开伟业，感慨矣追梦高歌。喜悦村庄之美，安康父老之窝。情为民所系，富是民所托。游子叹归来之美景，吾侪发微信之吟哦也。词曰：

故乡人，
发来微信，
家家庆贺脱贫。
热泪花闪闪，
举杯邀我，
笑靥深深。
见芝兰院落，
小楼阁、
喜气盈门。
芳草碧，
鹅鸭戏水，

绚彩朝暾。

乾坤，
七十年奋斗，
旧江山、
彻底翻身。
坐飞船俯瞰，
这寰球一点，
世事纷纭。
为人民梦想，
众公仆，
不忘初心。
道路远，
思怀父老，
满满情亲。

2020 年

（选自《心潮诗词》2020 年第 10 期。）

---

王改正（1951—），河南郾城（现漯河市）人。大校军衔。曾任中华诗词学会副会长。著有《细柳营边草》《岁月歌吟》《霞落玉潭红》等诗词集。

# 东风第一枝 山东脱贫

李文朝

泰岳擎天，
黄河入海，
千秋至圣贤哲。
本来物阜民丰，
也曾有贫待脱。
攻坚接力，
全覆盖，
意真情切。
重点查老少边穷，
一个不容遗缺。

偏僻处，
探寻妙诀。
贫困户，

判明症结。
力推保障无忧，
不愁困难解决。
精心准确，
抓落实，
细微环节。
百年圆梦要成真，
全面打赢传捷。

2020 年

（选自《心潮诗词》2020 年第 10 期。）

# 万年欢 奔向小康

子川

小满春归，
问脱贫攻坚，
精准消息。
北水南乡，
昨日飘萍无迹。
田垅平平仄仄。
大棚蔬、
长温多植。
农牧渔、
三者并行，
构筑今日苏北。

收官既成事实。
看民强国富，

众有所得。
响水灌云，
不再昔时颜色。
回望新朋旧识。
索新词、
别成一格。
看明日、
上下同心，
共谋复兴良策。

2020 年

（选自光明网 2020 年 6 月 5 日“美丽乡村 诗画中国”专栏。）

---

子川（1953—），本名张荣彩，江苏高邮人。中国作家协会会员，一级作家。曾任《钟山》《雨花》《扬子江》诗刊编辑，著有《总也走不出的凹地》《子川诗抄》《背对时间》《虚拟的往事》等。

# 满庭芳 北京

周文彰

宫柳垂荫，
銮铃鸣道，
殿堂端坐君王。
幽深池堑，
围护六朝墙。
遍野亭台馆阁，
寺陵塔、金碧辉煌。
更无比、运河逆上，
米谷进皇仓。

城楼风暴起，
天翻地覆，
赤帜高扬。
故宫里，

摩肩百姓徜徉。
庙院神坛幕府，
心潮涌、感慨沧桑。
中南海，环观玉宇，
逐梦引飞航。

2020 年

（选自《诗咏运河》，黑龙江美术出版社 2020 年版。）

---

周文彰（1953—），江苏宝应人。1988 年毕业于中国人民大学，获哲学博士学位。曾任中共海南省委宣传部部长，国家行政学院原副院长、党委委员等职。现为中华诗词学会会长。政府特殊津贴获得者。出版诗集《周文彰诗词选》《诗韵校园——国家行政学院校园诗》《感恩第二故乡——周文彰海南诗书作品集》《诗咏运河》等。

# 水龙吟 庚子开元战疫赋笔

林　岫

新篁初展枝青，
江城遥报梅开矣。
促装思发，
梅樱并赏，
胜游曾记。
福瑞融融，
佳时谁料，
瘟邪蓦起。
幸临危不乱，
指挥如定，
大爱在，
情无际。

众志成城万里。

白衣迎战宵难寐。
逆行援手，
九州接力，
扪胸铭誓。
武汉加油，
微屏点赞，
同心共济。
看花明柳暗，
履艰克疫，
长英雄气。

注：原计划有庚子春赴武汉观梅赏樱诗会之旅，流瘟忽袭，遂作罢。

2020 年

**（选自《我们的战疫：全民抗击新冠肺炎疫情诗词选》，中国书籍出版社 2021 年版。）**

---

林岫（1945—），字苹中，浙江绍兴人。原新华社中国新闻学院古典文学教授。现任国务院参事室中华诗词研究院顾问，中央文史研究馆书画院院委研究员，中国国家画院院委研究员，中国书法家协会顾问，中国楹联学会顾问，中国兰亭书会顾问，北京书法家协会主席，北京文史研究馆馆员等职。著有《紫竹斋诗词》《紫竹斋诗话》《林岫诗书墨萃》等。

2020年伊始，一场突如其来的新冠肺炎疫情肆虐中华大地。这次疫情是新中国成立以来我国遭遇的传播速度最快、感染范围最广、防控难度最大的一次重大突发公共卫生事件，也是百年来全球发生的最严重的传染病大流行。新冠肺炎疫情发生后，党中央将疫情防控作为头等大事来抓。习近平亲自指挥、亲自部署，坚持把人民生命安全和身体健康放在第一位，提出坚定信心、同舟共济、科学防治、精准施策的总要求。从大年初一起，习近平先后主持召开14次中央政治局常委会会议、4次中央政治局会议以及多次党的重要会议，敏锐洞察、果敢决策，科学指引、沉着应对，周密部署武汉保卫战、湖北保卫战，因时因势制定重大战略策略，带领全党全军全国各族人民迅速打响疫情防控的人民战争、总体战、阻击战。

在党中央坚强领导下，中国人民风雨同舟、众志成城，发扬一方有难、八方支援精神，构筑起疫情防控的坚固防线。

# 破阵子 四方援战

陶武先

一自封城救险，
便迎举国增援。
敢死旗挥江汉地，
战疫人奔雷火山，
白衣化费桓。

赶制医疗药剂，
浑忘宵昼餐眠。
车马龙行芳草道，
海陆空扬黄鹤帆，
九州不等闲。

2020 年

（选自《我们的战疫：全民抗击新冠肺炎疫情诗词选》，
中国书籍出版社 2021 年版。）

陶武先(1948—)，四川射洪人。曾任四川省第十届政协主席，全国政协人口资源环境委员会副主任等职。著有《求理刍论》《治务管见》《议事迩言》《陶武先诗词选》等。

# 金缕曲 逆行者

戴丽娜

何事催征急，
况斯时、阖门老幼，
尽欢除夕。
京阙频频施号令，
举国围歼肺疫。
向沔鄂、驰援孔亟。
疠气发狂无孤岛，
正行凶、直把生灵索。
医护汇，请缨急。

拼将性命瘟神扼。
更无暇、夹衫汗浸，
水垂涓滴。
厚裹白衣风不透，

对话连连喘息。
还谑笑、颜留战迹。
任尔淫威逞猖獗，
尚须看、天网层层织。
凭妙手，回春力。

2020 年

（选自《我们的战疫：全民抗击新冠肺炎疫情诗词选》，
中国书籍出版社 2021 年版。）

---

戴丽娜(1962—),字君若,黑龙江望奎人。中华诗词学会理事。曾任《中华辞赋》编辑部副主任，现在北京辞赋文化公司工作。

# 相　信（节选）

朱　海

……

没有一个国家能够如此快的速度布阵，全民防疫。
从中南海不眠的灯光，
到普通人家生活的日常，
我看到整个中国在行动，
无论离武汉有多远，有多近，
我看到不分境内外，
暖暖中国心正迸发出无穷的热能。

向着病毒发起昼夜进攻的不仅有顶尖的科学家，
还有超乎想象的超大规模人民战争，
作战地点不分区域，
参战人员不分年龄，
万众一心，凝聚起众志成城的中国精神！

这精神挺的是高效，
挺的是信任，
挺出赤子之心，
挺出人间大爱。
挺起了降服毒魔的火神山，雷神山，
挺起了疫情无法逾越的千万座山。

有人说这场战斗，中国一定赢，我信！
因为我们这代人对胜利不陌生，
1998 年的抗洪，
2003 年的抗击非典，
2008 的汶川救灾，
2014 年抗击非洲埃博拉，
一次次抗争把我爱的人，
挺立在灾难面前，
一代代接力让爱我的人，
在复兴之路上薪火相传。
相信自己走过的路，
因为这条路上，
写满了一行字，
中华民族！

相信中国人的力量吧，
因为没有退路，我们必须前进！

朋友，在中国，在你身边，
在这个特殊的时期
你看见了什么，记住什么？
你为什么感动，又为什么彻夜难眠？

2020 年

（依 2020 年中央广播电视总台元宵晚会诗朗读《相信》文字整理。）

# 西江月 贺中国空间站天和核心舱发射成功

贾学义

银箭九重亮锐，
金舱万里行空。
天和别墅赛蟾宫，
华夏筑巢引凤。

不惧惊雷暴雨，
岂忧酷暑寒冬。
何当驿站喜相逢，
一任放歌酒纵。

2021 年

（选自《中华辞赋》2021 年第七期“庆祝中国共产党成立 100 周年专号”。）

贾学义（1948—），陕西榆林人。历任内蒙古党委宣传部副部长、《内蒙古日报》总编辑、内蒙古政协常委兼文史委副主任等职。现为中华诗词学会顾问、中华散曲工委副主任、内蒙古诗词学会会长。作品散见于《中华诗词》《诗刊》等。

# 沁园春 建党百年赋

张　炜

镰斧星芒，
照亮中国，
百感沧桑。
忆旧时岁月，
山河破碎；
烽烟四起，
遍地哀伤。
建党红船，
载民航向，
旗帜飘飘卷战场。
凌云志，
怀江山社稷，
风雨前方。

征途漫道关长。
驱苍莽，
迎胜利曙光。
敬捐躯先烈，
护旗勇士；
英雄豪俊，
建业贤良。
改革腾飞，
日新月异，
喜看全民奔小康。
览巨变，
永结初心愿，
更向辉煌。

2021 年

（选自《中华辞赋》2021 年第七期“庆祝中国共产党成立 100 周年专号”。）

---

张炜（1965—），山东德州人。山东作协会员。曾任德州平原县县委宣传部副部长等职。在报刊发表诗歌、小说等多篇。

# 百字令 献给中国共产党百年华诞（四首）

罗　辉

## 一

开天辟地，
举起来、金色镰锤发力。
烟雨南湖帆似炬，
星火点燃南北。
风展红旗，
灯明黑夜，
唤起农奴戟。
会宁遵义，
古城云霁日出。

宝塔山上高风，
黄河呼啸，

砥柱中流立。
辽沈津淮三大战，
惊破蒋家魂魄。
打过长江，
进军琼海，
扫穴雷霆疾。
千秋华表，
最知霄壤今昔。

二

改天换地，
站起来、挺拔神州腰直。
鸭绿江边烽火烈，
奋力保家卫国。
剑指王牌，
线争三八，
浴血歼顽敌。
惊涛犹在，
舰船台海游弋。

回首苦战贫穷，

红旗渠里，
挥汗流澄碧。
两弹一星宣誓了，
潜艇深蓝呼吸。
大庆兴油，
大桥开道，
解放牌鸣笛。
升旗联大，
五星红帜飘奕。

三

翻天覆地，
富起来、解惑南风快疾。
巨手开门朝气爽，
华夏智商云集。
小岗村中，
大包干里，
指印红犹滴。
新天新地，
粲然光耀金色。

曾梦赶美超英，
奋蹄征旅，
竞把银牌摘。
港澳回归凭“两制”，
历数五洋潮汐。
卅载宏图，
一圈神采，
“三步”争登陟。
小康大道，
漫天霞曙鲜熠。

## 四

经天纬地，
强起来、追梦宏图兴国。
放眼环球寒与暑，
犹自共同休戚。
检点江山，
拍蝇擒虎，
更是强军魄。
初心长在，
血滋红色根脉。

告别贫壤穷乡，
青山绿水，
美景长迎客。
益寿延年凭社保，
喜报椿龄八十。
嫦娥奔月，
蛟龙潜海，
双百年光熠。
难忘庚子，
独明华夏风日。

2021 年

（选自《中华辞赋》2021 年第七期“庆祝中国共产党成立 100 周年专号”）

---

罗辉（1950—），湖北大冶人。研究员，1992 年起享受国务院特殊津贴。曾任湖北省财政厅厅长、党组书记，湖北省第十一届人大常委会副主任等职。现任中华诗词研究院顾问，中华诗词学会驻会顾问。有《新修康熙词谱》《一路行吟集》《四时吟草》《屐痕心迹》等多部诗词著作。